图书在版编目（CIP）数据

穆天子传 /（晋）郭璞 注；臧长风 译注 . —北京：东方出版社，2023.11
ISBN 978-7-5207-3258-1

Ⅰ . ①穆… Ⅱ . ①郭… ②臧… Ⅲ . ①《穆天子传》Ⅳ . ① K224.04

中国国家版本馆 CIP 数据核字 (2023) 第 147584 号

穆天子传
（MUTIANZI ZHUAN）

注　　者：	（晋）郭璞
译　　注：	臧长风
责任编辑：	邢　远
出　　版：	东方出版社
发　　行：	人民东方出版传媒有限公司
地　　址：	北京市东城区朝阳门内大街 166 号
邮　　编：	100010
印　　刷：	天津旭丰源印刷有限公司
版　　次：	2023 年 11 月第 1 版
印　　次：	2023 年 11 月第 1 次印刷
开　　本：	650 毫米 × 920 毫米　1/16
印　　张：	18
字　　数：	200 千字
书　　号：	ISBN 978-7-5207-3258-1
定　　价：	88.00 元
发行电话：	（010）85924663　85924644　85924641

版权所有，违者必究

如有印装质量问题，我社负责调换，请拨打电话：（010）85924602　85924603

图文中国文化系列丛书

总序

中国文化是一个大故事,是中国历史上的大故事,是人类文化史上的大故事。

谁要是从宏观上讲这个大故事,他会讲解中国文化的源远流长,讲解它的古老性和长度;他会讲解中国文化的不断再生性和高度创造性,讲解它的高度和深度;他更会讲解中国文化的多元性和包容性,讲解它的宽度和丰富性。

讲解中国文化大故事的方式,多种多样,有中国文化通史,也有分门别类的中国文化史。这一类的书很多,想必大家都看到过。

现在呈现给读者的这一大套书,叫作"图文中国文化系列丛书"。这套书的最大特点,是有文有图,图文并茂;既精心用优美的文字讲中国文化,又慧眼用精美图像、图画直观中国文化。两者相得益彰,相映生辉。静心阅览这套书,既是读书,又是欣赏绘画。欣赏来自海内外二百余家图书馆、博物馆和艺术馆的图像和图画。

"图文中国文化系列丛书"广泛涵盖了历史上中国文化的各个方面，共有十六个系列：图文古人生活、图文中华美学、图文古人游记、图文中华史学、图文古代名人、图文诸子百家、图文中国哲学、图文传统智慧、图文国学启蒙、图文古代兵书、图文中华医道、图文中华养生、图文古典小说、图文古典诗赋、图文笔记小品、图文评书传奇，全景式地展示中国文化之意境，中国文化之真境，中国文化之善境，中国文化之美境。

这是一套中国文化的大书，又是一套人人可以轻松阅读的经典。

期待爱好中国文化的读者，能从这套"图文中国文化系列丛书"中获得丰富的知识、深层的智慧和审美的愉悦。

王中江

2023年7月10日

前言

　　《穆天子传》，又名《穆传》《周王游行记》等，全书共六卷，记录了西周第五位君主周穆王于穆王十二年（前965年）至穆王十七年巡狩游猎之事。第一卷记载了穆王十二年十月至次年三月首次西巡的部分经历，其间周穆王从宗周洛邑出发（原文已失），在蠲山北上抵达河宗氏。第二卷至第四卷记载了穆王十七年（前960年）秋至十八年春的第二次西巡，在此期间，周穆王路过西域大小邦国、部族，最终到达西王母之邦，后大猎于旷原，东归回国。第五卷记载了穆王十四年至十五年间在中原（今河南、山西）一带巡狩之事。第六卷记载了周穆王宠妃盛姬之死及其盛大的丧葬仪式。

　　《穆天子传》看似是对周穆王巡狩之事的记载，类似于游记散文，实际上其中所载之事颇具真实、浪漫、雄奇的色彩，展现了客观饱满的人物形象，描述了西周时期中原一带和西域各国的风土人情、地理气候、物产礼仪，展示了西周王朝彼时的强盛。由此可见，《穆天子传》是一本具有珍贵价值的先秦文献。

《穆天子传》出土于晋太康二年（281年），汲县人不準盗发了魏襄王的古墓，发现大量的竹简古书，后被西晋官府收藏。这批竹简古书被后人称为"汲冢竹书""汲冢古文"，而《穆天子传》就是其中之一，也是唯一流传至今的汲冢竹书。《穆天子传》出土后，荀勖等人对此书进行了校理，将《杂书》十九篇中的《周穆王美人盛姬死事》一篇附在《穆天子传》第五卷末，于是有了六卷本《穆天子传》。后来，晋人郭璞为其作注，再之后，被冷落了近千年，直至清人檀萃再次为之注疏，此书才重回人们视野。

　　关于《穆天子传》的作者，学术界有几种说法：一是以清人姚际恒为代表的汉代后人伪作说；二是成书于战国说，作者为中山国人；三是成书于春秋末、战国初之说，作者不可考；四是西周史官实录说。根据《穆天子传》的文体、语言、文字、内容等诸多方面考量，编者认为只有周穆王时期的随行史官或是其后不久的史官，方能有如此记述。

　　通读《穆天子传》后，或许会有一种此书到底是史书还是虚构类书的疑惑。根据史料，除清代《四库全书》将其列为小说家类外，历代均将此书视为史书、传记。其中，《隋书·经籍志》《唐书》《宋史·艺文志》将其纳入史部；《郡斋读书志》《玉海》将其列于传记类。从《穆天子传》的内容中，我们可以看出，书中干支纪日明确，周穆王巡狩路线合理，事件发展逻辑清晰，所载人物符合历史事实，由此可知，此作是记载周穆王巡狩各处的实录性文献。

　　作为一部文献，《穆天子传》的具体价值体现在何处呢？

　　一是古代地理研究价值。有关西周时期的历史地理文献，今存版本极为匮乏，《尚书》中的《禹贡》篇和《山海经》堪称代表，但《禹贡》涉及的地理仅囿于中原九州，而《山海经》神话色彩浓厚。较之次二者，《穆天子传》记述的地理概况广泛，包括今天的河南、山西、河北、内蒙古、宁夏、青海、甘肃、新疆一带，其中涉及的山川、泽沼、平原等大小地点繁多且详细，尽管河套以西的具体地域难以用今日的地理知识考实，但根据周穆王巡行的时间和行程，可推演出大体位置，这为研究西周时期西域地区的历史地理提供了弥足珍贵的原始资料。

二是西周部族研究价值。《穆天子传》中所载的犬戎、焉居、禺知、䣙人、河宗氏、膜昼等各部族多达三十余个，其中记载了各个部族的居住之地、物产人情、生活习俗等，尤其是对西域部族的记载，对于研究其起源、迁徙与演变，是尤为难得的资料。

三是东西方经济文化交流研究价值。据《穆天子传》记载，周穆王沿途受到了氏族、邦国的礼待，各邦族人纷纷向周穆王进献土特产，其中有牛、马、羊、猪、狗，有美酒、穄米、穄麦，有玉石、珍宝，等等。周穆王将金银器皿、珠宝玩物、雕彩漆器、朱砂、桂姜、丝绸织品等作为回礼相赠，并传授了一些西周先进的工艺技术给他们，这种经济、文化上的交流促进了当时社会的进步及双方的共同发展。

四是先秦语言、文学研究价值。《穆天子传》出土时，本为墨书科斗[①]古文字，后经由荀勖等人整理编校，用魏晋隶书译写，但因编校者也不能完全识别书中古文字，故存本中仍保留着诸多古文字。这些文字的留存对于研究西周时期乃至更早的文字具有重要的基础资料价值。《穆天子传》中的省略句与紧缩句也较为常见，这也为研究西周时期的文字语法打开了新视野。此外,《穆天子传》还具有一定的文学性,其中的细节描写、人物间的对话、文中的诗作,以及卷六的行文结构,均具有一定的文学性,非常值得后人研究。

  本书以清人洪颐煊校注《穆天子传》六卷(平津馆刻本)为底本,参考了先秦以来的诸多文献,佐以诸家之说,结合编者所学进行译注。对文中不可考之处,未强考,注释和译文暂缺;对诸家学说争议较大之处,一并指出,供读者参考。本书原文共三千余字,注释、译文达六万字左右,由于编者水平有限,其中不免有错讹之处,敬请读者批评指出,谨谢!

2023 年 3 月 2 日
写于北京

---

① 墨书科斗:又名科斗字、科斗书、科斗篆,一种古代字体之一,篆字(包括古、籀)手写体的俗称。因以笔蘸墨或漆作书,笔道起笔处粗,收笔处细,状如蝌蚪,因此得名。

目录

- 卷一 001
- 卷二 051
- 卷三 097
- 卷四 127
- 卷五 175
- 卷六 229

卷一

穆天子传

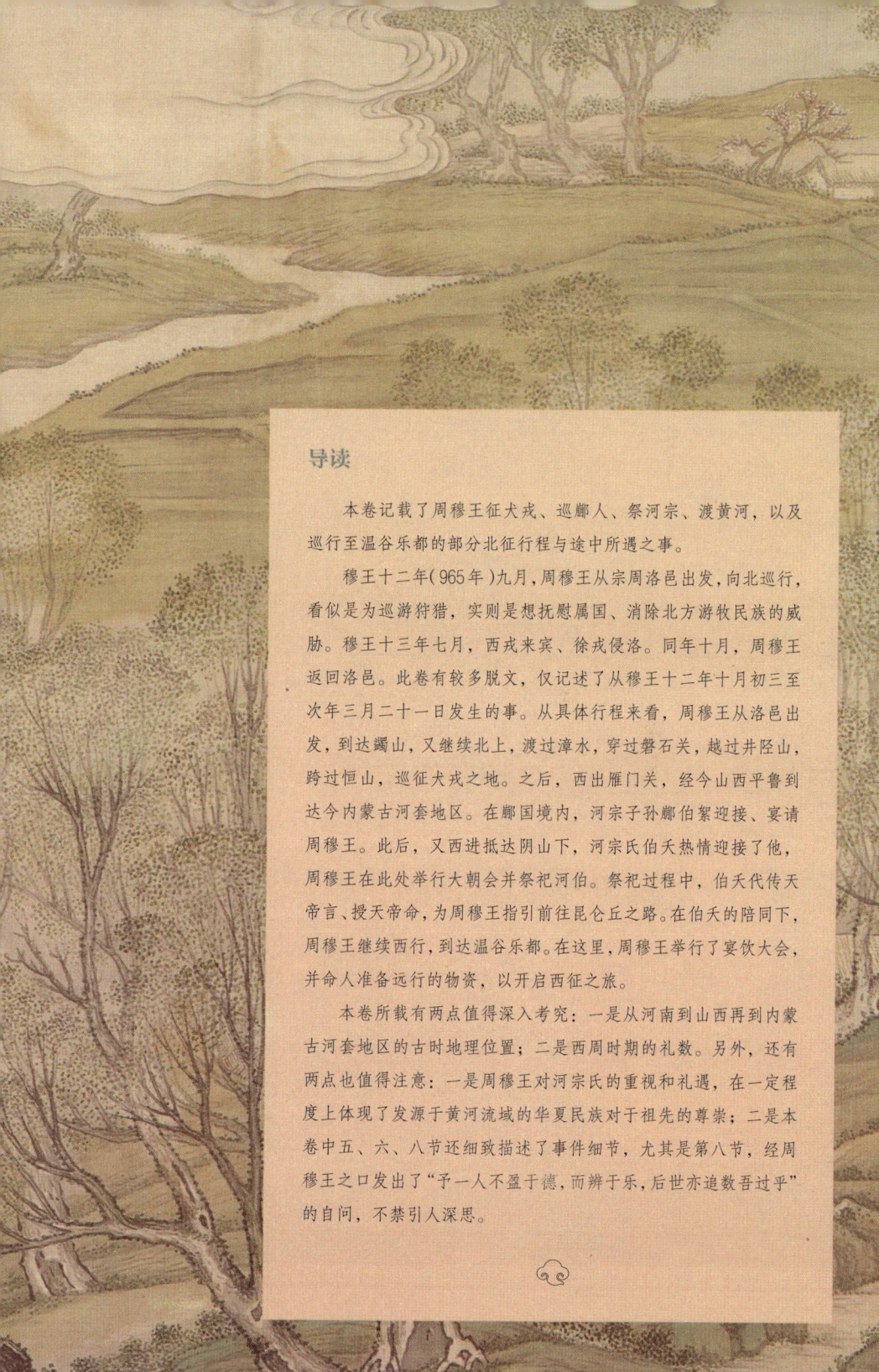

导读

本卷记载了周穆王征犬戎、巡邤人、祭河宗、渡黄河，以及巡行至温谷乐都的部分北征行程与途中所遇之事。

穆王十二年（965年）九月，周穆王从宗周洛邑出发，向北巡行，看似是为巡游狩猎，实则是想抚慰属国、消除北方游牧民族的威胁。穆王十三年七月，西戎来宾、徐戎侵洛。同年十月，周穆王返回洛邑。此卷有较多脱文，仅记述了从穆王十二年十月初三至次年三月二十一日发生的事。从具体行程来看，周穆王从洛邑出发，到达蠾山，又继续北上，渡过漳水，穿过磐石关，越过井陉山，跨过恒山，巡征犬戎之地。之后，西出雁门关，经今山西平鲁到达今内蒙古河套地区。在邤国境内，河宗子孙邤伯絮迎接、宴请周穆王。此后，又西进抵达阴山下，河宗氏伯夭热情迎接了他，周穆王在此处举行大朝会并祭祀河伯。祭祀过程中，伯夭代传天帝言、授天帝命，为周穆王指引前往昆仑丘之路。在伯夭的陪同下，周穆王继续西行，到达温谷乐都。在这里，周穆王举行了宴饮大会，并命人准备远行的物资，以开启西征之旅。

本卷所载有两点值得深入考究：一是从河南到山西再到内蒙古河套地区的古时地理位置；二是西周时期的礼数。另外，还有两点也值得注意：一是周穆王对河宗氏的重视和礼遇，在一定程度上体现了发源于黄河流域的华夏民族对于祖先的尊崇；二是本卷中五、六、八节还细致描述了事件细节，尤其是第八节，经周穆王之口发出了"予一人不盈于德，而辨于乐，后世亦追数吾过乎"的自问，不禁引人深思。

003

《清黄河图》（局部）

佚名　收藏于美国纽约大都会艺术博物馆

黄河流域是中华文明的发源地之一。据记载，周穆王从宗周洛邑出发，一路向西过黄河，越太行、祁连二山，最终到达天山北麓的西王母之邦。

一

饮^①天子^②蠲山^③之上。戊寅^④，天子北征^⑤，乃绝^⑥漳水^⑦。庚辰^⑧，至于^⑨□^⑩，觞^⑪天子于磐石^⑫之上。天子乃奏广乐^⑬。

【注释】

① 饮：有喝、喝水、喝酒三种意思，此处取"喝酒"之意，应为宴饮，请人饮酒。

② 天子：即周穆王，姓姬，名满，周昭王之子，西周第五位君主。据今本《竹书纪年》记载，穆王在位共55年（前976年—前922年），为周朝在位时间最久的君王。

③ 蠲（juān）山：山名。学术界尚有争议。一说"蠲""法"音通，高平县有法水、法谷，法谷为法山之谷，应在今山西省泽州市高平县；一说由下文所载"北绝漳水"推断，此山应在彰德府境，即今河南省安阳市文峰区；还有一说，"蠲山"即"神麕（jūn）山"，为今河北省邯郸市峰峰矿区的元宝山。

④ 戊寅：干支纪日，具体时间不详。现有几种说法分别为：穆王十三年（前964年）闰二月初十、穆王十二年（前965年）十一月初七、穆王十二年十月初三等。

综合诸家之说，本书取穆王十二年十月初三。

⑤ 北征：向北巡行。征，走远路，巡行。《左传·襄公十三年》记载："先王卜征五年。"杜预注："征，谓巡狩征行。"

⑥ 绝：横渡。

⑦ 漳水：河名。即漳河，古代著名大河，发源于山西潞安府（今长治市）长（zhǎng）子县发鸠山，流经河南新乡、安阳和河北邯郸一带，于河北邯郸馆陶县合流卫河。周穆王横渡漳河的地方应位于山西长治一带，从地理角度看与上文蠲山地处山西高平县较为吻合。

⑧ 庚辰：干支纪日。距前"戊寅"已过两日，应为十月初五。

⑨ 至于：到达。至，到。

⑩ □：此处阙文。推测为地名或部族名。下文磐石（盘石）在皋落氏境内，或为皋落氏。

⑪ 觞（shāng）：向尊者敬酒。这里指宴请、宴饮。

⑫ 磐石：古代关隘名。即今山西平定故关。

⑬ 广乐：盛大的乐曲。一说为乐曲名。

【译文】

周穆王在蠲山上宴饮。穆王十二年十月初三，周穆王向北巡行，横渡漳河。十月初五，到达皋落氏境内。皋落氏的部落首领在磐石关设宴招待周穆王。于是，周穆王便命乐队演奏盛大的乐曲来助兴。

《随园湖楼请业图》

（清）尤诏、汪恭　收藏于上海博物馆

清朝诗人袁枚晚年自号随园主人，他所著的《随园诗话》卷七中提到了王文治的《在西湖寄都中同年》："梦里似曾闻广乐，归来但觉任樵风。"其中的"广乐"就是盛大之乐，与"天子乃奏广乐"中的一样。

周公像

选自《历代帝王圣贤名臣大儒遗像》册
（清）佚名　收藏于法国国家图书馆

姬姓，名旦，周武王姬发的弟弟。他创建了一套完整的礼乐制度，将其编撰为《周礼》。其中的"礼"分为五种，即吉礼、凶礼、宾礼、嘉礼和军礼。而"乐"指的是贵族进行礼仪活动时的舞乐。

二

　　载立不舍①，至于钘山②之下。癸未③，雨雪④，天子猎于钘山之西阿⑤。于是得绝⑥钘山之隧⑦，北循⑧虖沱之阳⑨。乙酉⑩，天子北升⑪于□⑫。天子北征于犬戎⑬，犬戎□⑭胡觞⑮天子于当水⑯之阳。天子乃乐，□⑰，赐七萃之士⑱战⑲。庚寅，北风雨雪。天子以寒之故，命王属⑳休。

【注释】

① 载立不舍：指站在车上不歇息。舍，休止，此处取歇息、休息之意。

② 钘（xíng）山：即井陉山，在今河北省井陉县境内，是河北、山西的关要。

③ 癸未：干支纪日。距前"庚辰"已过三日，应为十月初八。

④ 雨（yù）雪：下雪。雨，下，落。

⑤ 西阿（ē）：西边山坡。阿，弯曲的地方。

⑥ 绝：穿过，通过。

⑦ 隧（suì）：通"隧"，山谷中的险路。

⑧ 循：沿着，顺着。

⑨ 虖（hū）沱之阳：虖沱河的北岸。虖沱，即滹沱河，源于恒山，出平型关，流经今河北石家庄，至天津入

渤海。古时，水之北为"阳"，山之南为"阳"。

⑩ 乙酉：干支纪日。十月初十。

⑪ 北升：向北登上。升，登上。

⑫ □：此处阙文。必为山名。一说为恒山山脉中的一山，一说为五台山。按下文"当阳之水"推断，应为恒山。

⑬ 犬戎：古代戎族一支，殷周时居住在我国西部、北部地区。

⑭ □：此处阙文。应为"之"字。

⑮ 胡觞：大酒杯。胡，长，大。觞，作名词用时为酒杯义。

⑯ 当水："当"通"常"，"常""恒"多通用，此处应为恒水。

⑰ □：此处阙文。学术界颇有争议，可能为"甚"字，很、非常之意。

⑱ 七萃之士：周穆王的禁军侍卫。萃，聚集。

⑲ 戓：通"狩"，狩猎。

⑳ 王属：周穆王的随行部属。

【译文】

周穆王站立在车上不休息，一路直达钘山脚下。十月初八，下起了雪，周穆王在钘山的西山坡上狩猎。从那里穿过钘山山谷中的险路，然后沿着滹沱河的北岸向北行进。十月初十，周穆王向北登上了恒山，又向北行进至犬戎部族境内，犬戎部族首领在当水北岸宴请周穆王。周穆王非常高兴，让禁军侍卫去狩猎。十月十五日，刮起了北风，下起了雪，因为天气寒冷，周穆王便命随行部属原地休息。

《封神演义》
中的神话故事

《穆天子传》讲述了西周周穆王西巡的所见所闻,具有浓厚的神话色彩。而明代神魔小说《封神演义》正是讲述了武王伐纣,建立西周的故事,其中虽夹杂了不少神话色彩,但是也较为真实地反映了商王朝纣王的暴虐和西周周文王等人的仁爱。

姜太公像
选自《古圣贤像传略》清刊本 (清)顾沅\辑录 (清)孔莲卿\绘

在《封神演义》里,姜子牙是阐教教主元始天尊的徒弟,32岁时上昆仑山玉虚宫学道,72岁奉命下山帮助西岐,灭商封神。传说姜子牙封神完毕后,发现神位已满,已没有了自己的位置,于是就坐到门楣上,当了一个"监察神"。

周文王像
选自《历代帝王圣贤名臣大儒遗像》册 (清)佚名 收藏于法国国家图书馆

姬姓,名昌,原为商朝的西伯。《史记·周本纪》记载,周文王继承周人祖先后稷开创的事业,效仿祖父古公亶(dǎn)父和父亲季历的做法,治理岐山的周部落,国力日渐强盛,后被西方的崇国国君崇侯虎告发,"西伯积善累德,诸侯皆向之,将不利于帝"。因此被商纣王囚于羑(yǒu)里(今河南汤阴)。

文王与姜太公像

选自《养正图》册
（清）冷枚
收藏于北京故宫博物院

周文王从羑里回到西岐后，表面上虽仍臣服商纣王，暗里却修德行善，笼络诸侯。相传，周文王梦到了一只飞熊，于是在周国境内发榜寻找，后来在渭水（今陕西省宝鸡市陈仓区）河畔找到了垂钓的姜子牙，别号飞熊。二人谈古论今，分析天下局势。之后，周文王拜姜子牙为师，让其掌管军事。周文王曾对姜子牙说："自吾先君太公曰'当有圣人适周，周以兴'。子真是邪？吾太公望子久矣。"故后人尊称姜子牙为姜太公、太公望。

妲己害政

选自《帝鉴图说》法文外销画绘本 （明）佚名 收藏于法国国家图书馆

商纣王是历史上典型的暴君，宠爱妃子妲己（dá jǐ）。在《封神演义》中，商纣王囚禁姬昌后，姬昌的长子伯邑考向纣王献上三件宝物，希望能释放其父。恰巧妲己对他一见钟情，但被伯邑考拒绝，妲己由爱生恨，于是向纣王诬告伯邑考，纣王怒杀了他并制成肉羹送给姬昌。传说姬昌因惧怕纣王而喝了肉羹，最后吐出了一只小白兔。

三

甲午，天子西征，乃绝隃①之关隥②。己亥，至于焉居、禹知③之平④。辛丑，天子西征，至于䣙人⑤。河宗⑥之子孙䣙柏絮⑦，且逆⑧天子于智之□⑨，先⑩豹皮十，良马二六⑪。天子使井利⑫受之。癸酉，天子舍⑬于漆泽⑭，乃西钓于河⑮，以观□智之□⑯。甲辰⑰，天子猎于渗泽⑱，于是得白狐玄貉⑲焉，以祭于河宗。丙午⑳，天子饮于河水之阿。天子属㉑六师㉒之人于䣙邦之南、渗泽之上。

【注释】

① 隃（yú）：古地名，即西隃，今雁门山，在山西省代县境内。

② 关隥（dèng）：关口，关隘。隥，险峻的山坡。

③ 焉居、禹知：古代部族名。在今山西平鲁、井坪一带。

④ 平：通"坪"，平地。

⑤ 䣙（péi）：古代国名。应在今内蒙古河套一带。一说"䣙人"之后有脱文，应为"䣙人之邦"，本书译文从此。

⑥ 河宗：古代以黄河为四渎之宗，称其河宗。此处指主祭黄河的河宗氏，即河伯冯夷。

⑦ 䣙柏絮：䣙国的伯爵絮，或为䣙国国君。"柏"通"伯"，伯爵。絮，人名。

⑧ 逆：迎，迎接。

⑨ 智之□：地名。位于今内蒙古托克托一带。此处阙文存

疑，一说为"智之境"，即今山西西南的晋智氏之地。另有一说，认为"智之□"为地名，在今内蒙古河套托克托一带。

⑩ 先：先送的礼物，即见面礼。古代送礼以轻礼在先，重礼在后。

⑪ 二六：数量，即十二。古代赠送马匹，如果是食马、野马之类，多以百、十来计，如果是骏马、良马（用于驾车、骑乘之马），多以四的倍数来计。因此，此处应为十二。

⑫ 井利：人名。周穆王的大夫，公爵爵位，也称"井公利"。

⑬ 舍：住宿。

⑭ 漆澤：湖沼名。澤，古"泽"字。

⑮ 河：黄河。

⑯ 以观□智之□：第一处阙文应为"于"字，"智之□"应为上文所述之地。

⑰ 甲辰：干支纪日。十二月二十九日。

⑱ 渗泽：湖沼名。有说法认为"渗泽"与上文"漆澤"为一个地方。按照文中时间来推测，编者认为应是两个地方。

⑲ 玄貉（háo）：黑色的貉。原简为"貉"（hé），洪颐煊校改作"貈"。貈，同"貉"，哺乳动物，似狸，锐头尖鼻，昼伏夜出，皮毛极为珍贵。

⑳ 丙午：干支纪日。次年正月初一。

㉑ 属：集合，聚集。

㉒ 六师：即西六师，周穆王随行军队。周朝初年有两支主力军队，一支为周人本土嫡系军队，称"西六师"；另一支为成周八师，也称"殷八师"。当时，两千五百人为一师，六师为一万五千人。

河伯的神话故事

河伯原名冯夷,是传说中的黄河之神。《九歌·河伯》中描述其为:"鱼鳞屋兮龙堂,紫贝阙兮朱宫,灵何为兮水中。"

河伯像
选自《钦定补绘离骚全图》册 (清)萧云从\原作 (清)门应兆\补绘
收藏于中国台北"故宫博物院"

河伯原名冯夷,是传说中的黄河之神。《九歌·河伯》中描述其为:"鱼鳞屋兮龙堂,紫贝阙兮朱宫,灵何为兮水中。"

后羿与宓妃
选自《钦定补绘离骚全图》册 (清)萧云从\原作 (清)门应兆\补绘
收藏于中国台北"故宫博物院"

《楚辞·天问》中曾提到:"帝降羿夷,革孽(niè)夏民,胡射夫河伯,而妻彼洛嫔。"意为后羿听说宓妃的遭遇后,射瞎了河伯的一只眼睛,此后,黄河泛滥不断。

016

《禹王治水图》卷（局部）

（宋）赵伯驹　收藏于中国台北"故宫博物院"

传说大禹在治理黄河水患时有三件法宝，分别为河图、开山斧、避水剑，其中"河图"便是出自河伯之手。

《洛神赋图》卷（局部）

（东晋）顾恺之\原作　此为宋人摹本　收藏于北京故宫博物院

相传，宓（fú）妃是洛水的水神，河伯因迷恋其美貌而强占为妻，之后宓妃一直郁郁寡欢，后被后羿救出。三国时期的文学家曹植在其著作《洛神赋》中描写了宓妃的美貌："其形也，翩若惊鸿，婉若游龙。荣曜秋菊，华茂春松。仿佛兮若轻云之蔽月，飘飘兮若流风之回雪。"

锐头尖鼻，昼伏夜出，皮毛极为珍贵。

⑳ 丙午：干支纪日。次年正月初一。

㉑ 属：集合，聚集。

㉒ 六师：即西六师，周穆王随行军队。周朝初年有两支主力军队，一支为周人本土嫡系军队，称"西六师"；另一支为成周八师，也称"殷八师"。当时，两千五百人为一师，六师为一万五千人。

【译文】

  十月十九日，周穆王向西行进翻过了雁门山的关隘，十月二十四日，到达了焉居、禹知两个部落境内的平地上。十月二十六日，周穆王继续向北巡行，到达了䣙国的领地。河宗氏冯夷的后代䣙国伯爵絮到今内蒙古河套托克托一带迎接，他先送了十张豹皮作为见面礼，后又送出十二匹良马作为重礼。周穆王令大夫井利收下这些礼物。十一月二十八日，周穆王在漆澤住了一夜，后又西行至黄河垂钓，并巡视了今内蒙古河套托克托一带。十二月二十九日，周穆王在渗泽狩猎，猎得了白色的狐狸和黑色的貉，然后用其献祭河伯。次年正月初一，周穆王在黄河岸边宴饮，后命令他的随行军队到䣙国南边的渗泽集合。

四

戊寅①，天子西征。骛行②，至于阳纡之山③。河伯无夷④之所都居⑤，是惟河宗氏⑥。河宗伯夭⑦逆天子燕然之山⑧，劳⑨用束帛⑩加璧⑪。先白□⑫，天子使郲父⑬受之。

【注释】

① 戊寅：二月四日。距前"丙午"已过三十二日，可见周穆王在河套已停留一月有余，依上文周穆王在此集结军队推断，或在此地作战，或在此地休整军队。因此依原文，不作校改。

② 骛（wù）行：疾驰行进。"骛"通"鹜"。

③ 阳纡（yū）之山：山名，又名"阳山"，即今河套地区的阴山，具体可能为大青山。"阳纡"即阴山南麓的别名。

④ 河伯无夷：即河伯冯夷。

⑤ 都居：国都所居之处。居，住，占据的地方。

⑥ 河宗氏：邦国名，位于黄河上游一带。《史记·赵世家·正义》："河宗在龙门，河之上流，岚、胜二州之地。"

⑦ 伯夭：伯爵，名夭。

⑧ 燕然之山：山名。一说在今甘肃境内。一说为内蒙古

⑨ 劳：慰劳，劳军。

⑩ 束帛：捆成一束的五匹布帛。帛，丝绸制品，在古代属于贵重物品。

⑪ 璧：玉璧。

⑫ 白□：此处阙文。□可能为"马"，也可能为"圭"。白圭，白玉做成的圭形礼器，常在帝王或诸侯举行典礼时使用，为天子所执之物。按先送的礼物为轻礼来推断，此处应为白马，因为白圭过于贵重，但无记载，暂不予考究。

⑬ 郑（zhài）父：人名。周穆王的卿士，为周公旦的后人，也称"祭公谋父"。

【译文】

二月初四，周穆王向西巡行。一路快马驱车疾驰，到达了阳纡山。这里是河伯冯夷居住的地方，也是河宗氏的都城。河宗氏的国君伯夭率众前往燕然山迎接周穆王，用五匹束帛和玉璧作为礼物慰劳周穆王一行。之后，又赠送白马作为见面礼。周穆王令郑父收下了献礼。

《蚕织图》卷（节选）▶

(南宋) 楼璹（shú）　收藏于黑龙江省博物馆

此图描绘的是江浙一带的蚕织户从养蚕到织帛的整个过程，这个生产过程非常复杂，单是蚕丝这一环节，就需要经历养蚕、吐丝、缫丝、织绸等过程，因此古代的帛极其珍贵，被视为高贵的代表，是外交的重要礼品之一。

纳箴赐帛

选自《帝鉴图说》法文外销画绘本　（明）佚名　收藏于法国国家图书馆

史载唐太宗即位之初,幽州记事张蕴古进呈了一篇奏章《大宝箴》,唐太宗看后颇为赞赏,不仅赐给他束帛,还将其升为大理寺丞。

五

　　癸丑①，天子大朝②于燕□之山③、河水之阿。乃命井利、梁固④聿将⑤六师。天子命⑥吉日戊午。天子大服⑦：冕袆⑧、帔带⑨、搢曶⑩、夹佩⑪，奉璧南面立于寒下⑫。曾祝⑬佐之，官人⑭陈牲⑮，全五□具⑯。天子授河宗璧。河宗伯夭受璧，西向⑰沉璧于河，再拜稽首⑱。祝沉牛、马、豕、羊⑲。河宗□命⑳于皇天子。河伯号㉑之，帝曰："穆满㉒！女㉓当永致用㉔誾事㉕。"南向再拜。河宗又号之，帝曰："穆满！示女春山之珤㉖，诏女昆仑□舍㉗四，平泉㉘七十，乃至于昆仑之丘㉙，以观春山之珤，赐语晦㉚。"天子受命，南向再拜。

【注释】

① 癸（guǐ）丑：三月初九。距前"戊寅"已过三十五日。

② 大朝：大朝觐，天子会见诸侯群臣。

③ 燕□之山：此处阙文应为"然"，即燕然山。

④ 梁固：人名。周穆王的大夫，公爵爵位，又称"梁公固"。

⑤ 聿（yù）将：聿，语气助词，常用于句中或句首，无实义。

⑥ 命：作动词时有命令、给予之意，此处指选定、给予。

⑦ 大服：穿着盛大隆重的服饰。

◀《夏禹王立像》轴

选自《历代帝后像》轴
（宋）马麟　收藏于中国台北"故宫博物院"

图中夏禹手持之物为笏（hù），是古代大臣朝见君王时拿在手上的手板，上朝时会把要上奏的事记录在笏板上。

⑧ 冕祎（miǎn huī）：冕，即冠冕，古代天子、诸侯、大夫所戴的礼帽，后专指天子的礼帽。祎，古代天子祭祀时所穿的服饰，后指王后的祭服，通常绘有图案。

⑨ 袯（fú）带：袯，遮蔽在衣服前的服饰，用熟皮制成，类似围裙，可以遮挡住膝盖，天子所用为红色。带，即腰带。

⑩ 搢（jìn）笏（hù）：把笏板插在腰带上。搢，插。笏，古"芴"字，笏板，一种用竹片、象牙、玉等制成的长条板子，天子和群臣都可执笏。周穆王所执应为玉笏。

⑪ 夹佩：腰间左右侧面所佩戴的饰物。

⑫ 寒下：河神神像的下面。寒，司寒，水神的别称。

⑬ 曾祝：即太祝，主祭祀的重臣。曾，有重要之意。

⑭ 官人：即"馆人"，负责馆舍的官员。

⑮ 陈牲：陈列祭祀用的五种牲口。

⑯ 全五□具：此处阙文应为"牲"，指用完整的牛、马、猪、羊、犬作为祭品。全牲，即体态完整、皮毛鲜亮的牲口。

⑰ 西向：面向西方。因黄河之水自西向东流淌，源头为西方的昆仑，故面向西方。

⑱ 再拜稽（qǐ）首：拜了两次，叩头于地上。稽首是古人最恭敬的礼节。

⑲ 沉牛、马、豕、羊：将牛、马、猪、羊沉溺于河中。此处未沉犬，编者认为或许此地民众尚犬。

029

鼠　　　牛

虎　　　兔

龙　　　蛇

马　　　　　　　　　羊

猴　　　　　　　　　鸡

狗　　　　　　　　　猪

《生肖人物图》册
(清)任薰　收藏于天津艺术博物院

十二生肖是十二地支的形象化代表，十二生肖有子(鼠)、丑(牛)、寅(虎)、卯(兔)、辰(龙)、巳(蛇)、午(马)、未(羊)、申(猴)、酉(鸡)、戌(狗)、亥(猪)。每一种生肖都有丰富的传说，并以此形成了一种观念阐释系统，成为民间文化中的形象哲学。

⑳ 河宗□命：此处阙文或为"致"，即河宗伯夭传达命令。

㉑ 号：拖长声音大声呼唤。

㉒ 穆满：周穆王，名满。

㉓ 女（rǔ）：女通"汝"，第二人称代词，你。

㉔ 致用：尽其所用。

㉕ 旹（shí）事：旹同"时"，即时事。

㉖ 舂（chōng）山之瑶（bǎo）：钟山的宝物。《山海经》中就有"舂"字作"钟"用，所以舂山应为昆仑以北的钟山。瑶，古"宝"字，宝物、珍宝。

㉗ 昆仑□舍：此处阙文，应为"宫"字。编者认为此处不是指昆仑山的宫殿屋舍，而是指去昆仑山途中的宫殿屋舍。见下句"平泉七十"，可知去昆仑山的路很艰难，但沿途仍会有住所和可饮的水，这是天帝给周穆王的指引。

㉘ 平泉：平地上涌出的甘泉。

㉙ 昆仑之丘：昆仑山的最高峰。丘，本义指土堆、土山，此处指最高峰、巅峰。

㉚ 赐语晦：应通"赐女贿"，指赏赐给你财宝。

【译文】

　　三月初九，周穆王在燕然山下的黄河岸边举行大朝觐。他命令井利、梁固两位大夫统率天子的六军，并于三月十四日（吉日）举行祭祀大典。当日，周穆王所穿服饰十分隆重：头戴王冠，身穿祎衣，系蔽膝帗服与红色腰带，笏板插在腰带上，腰间左右两侧佩挂着玉佩，双手捧着玉璧，面向南方，站在河神神像的下边。太祝主持祭祀，馆吏陈列牺牲供品，牛、马、猪、羊、犬五种牲口体态完整。周穆王把玉璧交给河宗伯夭，伯夭接过玉璧后，面向西方（行拜礼）并将玉璧沉入河中，再次行拜礼并叩头，之后太祝将祭品牛、马、猪、羊沉溺入河中。河宗伯夭向周穆王传达天帝的旨意，他拖长声音大声呼唤周穆王，代天帝说："穆满！你应当永远治理时事。"周穆王面向南方再行拜礼。伯夭又大声呼唤："穆满！给你看看钟山上的珍宝，告诉你去昆仑山的路上有四座宫殿馆舍，有七十眼由平地上流出的甘泉，这样你就可以到达昆仑山的顶峰，看见钟山上的珍宝，赏赐给你财宝。"周穆王接受了天帝的旨意，再次向南方行了拜礼。

六

己未[①]，天子大朝于黄之山[②]。乃披图视典[③]，周观[④]天子之珤器[⑤]。曰[⑥]天子之珤：玉果[⑦]、璿珠[⑧]、烛银[⑨]、黄金之膏[⑩]。天子之珤万金[⑪]，□[⑫]珤百金，士之珤五十金，鹿人[⑬]之珤十金。天子之弓射人步[⑭]，剑[⑮]

牛马犀，□器千金⑯。天子之马走千里，胜人猛兽⑰。天子之狗⑱走百里，执虎豹⑲。伯夭曰："征鸟使翼⑳，曰□乌鸢㉑，鹞鸡飞八百里㉒。名兽使足㉓，□㉔走千里，狻猊㉕□㉖野马㉗走五百里，邛邛距虚㉘走百里，麋□㉙二十里。"曰㉚伯夭既致㉛河典。乃乘㉜渠黄㉝之乘㉞，为天子先㉟，以极㊱西土㊲。

【注释】

① 癸丑：三月十五日。距前"戊午"已有一日。

② 黄之山：山名。阿尔坦山，位于鄂尔多斯右翼后旗，非安徽黄山。在蒙古语中阿尔坦有"金黄色"之意。但编者认为，若按周穆王所走一日行程推算，此山应为内蒙古托克托附近的阴山山脉中的一山，此山一到春季会开满黄花，因此以"黄之山"载。

③ 披图视典：翻阅图集查看典册。披，打开，散开，此处指翻阅。图，地图，此处指河宗氏存留的地图图籍。

④ 观：查看探究。

⑤ 珤器：宝器。

⑥ 曰：示意。

⑦ 玉果：像果子一样的玉，形容玉石很大。

⑧ 璿（xuán）珠：用美玉做成的珠子。璿，美玉。

⑨ 烛银：像烛光一样耀眼的银器。

⑩ 黄金之膏：黄金中的精品。膏，指提炼出的精华部分。

⑪ 万金：万两黄金。形容宝物极为珍贵。

⑫ □：此处阙文。结合上下文意，此处阙文不止一字。

罔作大正图

选自《钦定书经图说》清印本 （清）孙家鼐、张百熙等

周穆王姬满在平凉得了八匹骏马，"八骏"有两种说法。《穆天子传》中以马的毛色命名：赤骥、盗骊、白义、逾轮、山子、渠黄、华骝、绿耳；《拾遗记·周穆王》中以速度命名："一名绝地，足不践土；二名翻羽，行越飞禽；三名奔宵，夜行万里；四名超影，逐日而行；五名逾辉，毛色炳耀；六名超光，一形十影；七名腾雾，乘云而奔；八名扶翼，身有肉翅。"

编者认为阙文应为"诸侯之琡千金，大夫之琡百金"。西周有严格的等级制度，依地位高低排序应为天子、公侯、大夫、士。据《左传·桓公二年》记载："天子建国，诸侯立家，卿置侧室，诸侯有贰宗，士有隶子弟。"

⑬ 鹿人：庶人。接上文顺排，此处必为庶人，"鹿人"应为讹误。

⑭ 射人步：按照射礼百发百中。射人，官名，掌射发以习射礼。步，狸步，古代大射时测量侯道的器具，长六尺，因上有画有狸形，因此得名。由于狸善捕捉，画狸形寓意百发百中。

⑮ 剑：宝剑，指天子的宝剑。

⑯ □器千金：此处阙文。或许为某种器具，该器具可装千金之物，暂定为"琡"。

⑰ 胜人猛兽：胜过猛兽。此处疑为讹误，人行走的速度远比马要慢，或为"胜之猛兽""胜于猛兽"。

⑱ 狗：幼犬。《尔雅·释畜》："犬生三，猣；二，师；一，玂。未成豪，狗。"由此可知，古代"狗"特指未长毫毛的犬。

⑲ 执虎豹：捕捉虎豹。执，捕捉，捉住。

⑳ 征鸟使翼：远飞的鸟扇动翅膀。征鸟，远距离飞行的鸟。使，使用，此处指上下扇动翅膀。

㉑ 曰□乌莺（yuān）：两种飞鸟名。"曰□"中的"曰"疑为错误，或许为"皇"，因避讳，录为"曰"，《尔雅·释鸟》中有"皇，黄鸟"，俗名黄离留，也称抟黍。乌莺，即乌鸦。有人认为此句后脱"飞百里"三字，

编者认为疑脱"飞千里"三字。

㉒ 鹍（kūn）鸡：即鹍鸡，一种大鸟，属鸿鹄一类。

㉓ 名兽使足：善跑的兽类使用脚力。名，有名，此处指善于奔跑的兽类。

㉔ □：此处阙文。疑为"甪（lù）端"，古代神话传说中的一种兽类，与麒麟相似，头上有一角，善于奔跑。

㉕ 狻猊（suān ní）：古代神话传说中的一种兽类，为龙生九子之一（一说为第五子，另一说为第八子），外形如狮子，食虎豹。

㉖ □：此处阙文。应为一种野兽名，具体待考。

㉗ 野马：在野外生存的马，比骏马略小，但机敏警觉，善于奔跑。

㉘ 邛（qióng）邛距虚：走兽名。"邛邛""距虚"，似鹿像马，善于奔走。《山海经》中有"邛邛距虚，并言之耳"，表明两兽形似又影形不离。《逸周书·王会》："独鹿邛邛。邛邛，善走者也。"

㉙ 麋□：麋鹿可以走。麋，麋鹿，雌麋鹿没有角，体型较小；雄麋鹿角多叉似鹿、蹄子似牛、四肢粗壮、善于奔跑。此处阙文应为"走"，与上文类同。

㉚ 曰：句首发语词，无实义。

㉛ 既致：全部呈给。既，本作"皆"，全部之意。致，呈给，送给。

㉜ 乘：乘坐。

㉝ 渠黄：渠黄疑为讹误，应为"乘黄"，传说中的神马，

此处指四匹黄马，而非周穆王的骏马渠黄。

㉞ 乘：所乘之车。

㉟ 先：在前面，做向导，指作为先驱指引行进方向。

㊱ 极：穷尽，极尽，终点。

㊲ 西土：西方的土地。

【译文】

　　三月十五日，周穆王在黄山举行大朝会，他翻阅查看河宗氏所藏的图册典籍，遍览探究天子的珍宝器物。图籍中记录的珍宝有：玉果、璿珠、烛银、黄金膏。天子的宝物价值万金，公侯的宝物价值千金，大夫的宝物价值百金，士人的宝物价值五十金，庶人的宝物价值十金。天子使用图典中所载的弓箭按照射礼射击，可以百发百中；天子使用图典中所载的宝剑，可以斩杀牛、马、犀牛；天子使用图典中所载的宝器，可以装下千金。天子的马可以奔跑一千里，胜过猛兽；天子的幼犬可以奔跑一百里，能捕捉虎豹。伯夭说："远飞的鸟扇动翅膀，黄鸟、乌鸦能飞一千里，鹍鸡能飞八百里。善跑的兽类使用脚力，用端能连续跑一千里，狻猊、野马等兽类能连续跑五百里，邛邛、距虚能连续跑一百里，麋鹿能连续跑二十里。"伯夭把河宗氏的图籍全都给了周穆王，然后乘坐四匹黄马拉的车，为周穆王作向导，准备一直走到西方的尽头。

《八骏图》（局部） （明）仇英

唐人刘叉曾作诗《观八骏图》："穆王八骏走不歇，海外去寻长日月。五云望断阿母宫，归来落得新白发。"

七

乙丑①,天子西济于河②。□③爰有④温谷乐都⑤,河宗氏之所游居⑥。丙寅,天子属官效器⑦,乃命正公⑧郊父⑨受敕宪⑩,用申八骏之乘⑪。以饮于枝洔⑫之中,积石之南河⑬。

【注释】

① 癸丑:三月二十一日。距前"己未"已有六日。

② 西济于河:向西渡过河水。济,渡河,过河。"河"后或许有很多脱文。此河应指黄河或黄河的支流,具体地点不详。

③ □:此处阙文,应不止一字,推测应为"至□□",即到达了某个地方。

④ 爰(yuán)有:哪里有。爰,何处。

⑤ 温谷乐(lè)都:温泉河谷,安居乐业之都。有人认为此地位于青海、宁夏等地。编者认为,接上文"乃乘渠黄之乘,为天子先,以极西土"可知周穆王或许已开始向西巡行,但由后文"河宗氏之所游居""用申八骏之乘"可知,周穆王此六日内即便向西巡行也未走得太远,应还在河套一带。该地或处在河宗氏境内或距其不远处。

⑥ 游居：游牧的地方。

⑦ 属官效器：命令官吏校检器物。属，命令，吩咐。官，官吏。效，应作"校"，校验。器，一说是所得宝物，但显然此说有误，应为盘点校验巡行时携带的必需之物，如杯子、炊具等。

⑧ 正公：官名，为西周三上公之一，位在诸侯之上。

⑨ 郊父：人名。

⑩ 受敕宪：接受天子的告诫和教令。受，接受。敕，勒令，告诫。宪，教令。

⑪ 用申八骏之乘：申，准备。"申"本作"伸"，后有阙文，洪颐煊校本据《太平御览》引改"伸"为"申"，并删其下阙文。八骏之乘，用八匹骏马拉的车。周穆王行程自宗周洛邑至河宗氏，有三千四百里，虽其中不乏崇山峻岭，但仍在中原区域范围内。此时开始准备以八匹骏马拉车，说明之后的道路将更加艰难，因此要整装待发。此句可佐证本卷（七）注⑤推测，周穆王当时并未离开河宗氏境内，或距离河宗氏境不远处，仍在河套一带。

⑫ 枝洔（zhǐ）：河流分支处的水中小洲。

⑬ 积石：地名，或作山名，具体位置说法不一。

【译文】

三月二十一日，周穆王向西渡过了黄河，那里有温泉河谷、让人安居乐业的城邑，是河宗氏游牧的地方。三月二十二日，周穆王命令官吏校检巡行途中所需的全部器物，又命令正公郊父接受告诫和教令，准备好用八匹骏马拉的车，后周穆王在积石山下南河支流间的沙洲上饮酒。

帝王的骏马

在古代，马不仅是运输和代步工具，也是战场上克敌制胜的利器，所以历代帝王多喜骏马良驹。

霹雳骧

蹑云驶

赤花鹰

自在骑

阚虎骝

雪点雕

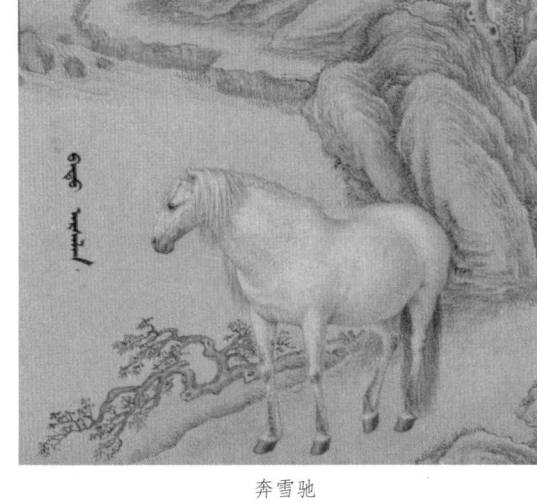

英骥子

狮子玉

奔雪驰

万吉霜

《十骏马图》册(局部)　　(清)王致诚　收藏于北京故宫博物院

该册描绘的是清代乾隆皇帝的十匹骏马,分别是:奔雪驰、万吉霜、雪点雕、英骥子、狮子玉、蹑云驶、赤花鹰、阚虎骝、霹雳骧、自在骑。

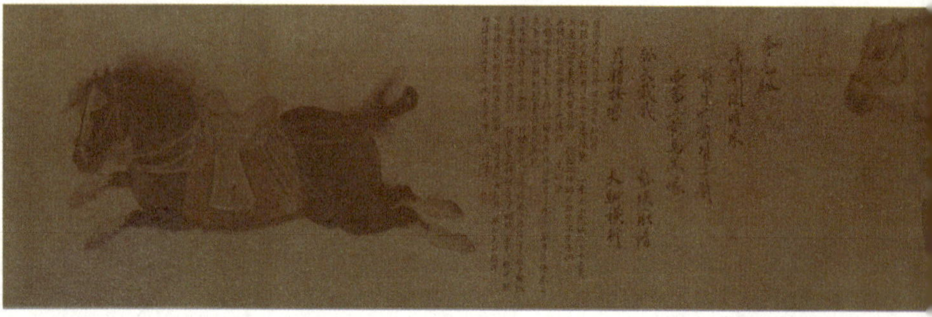

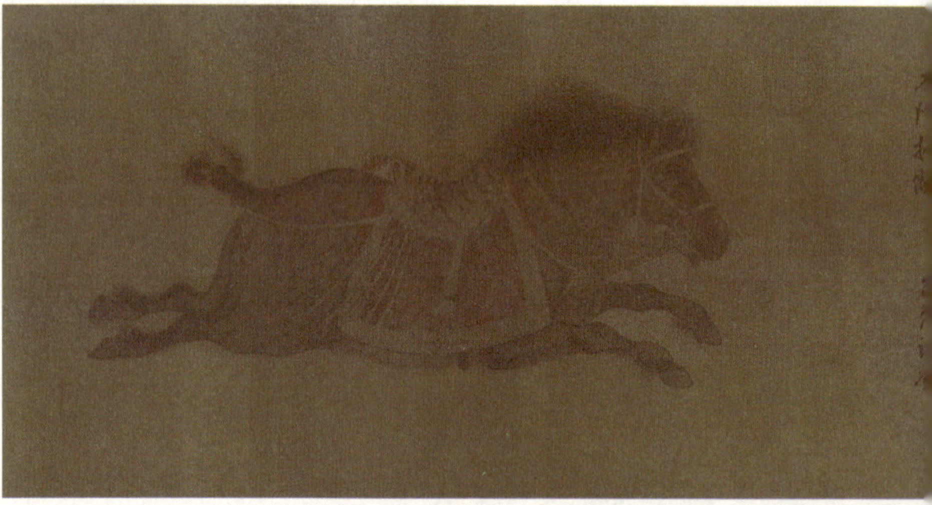

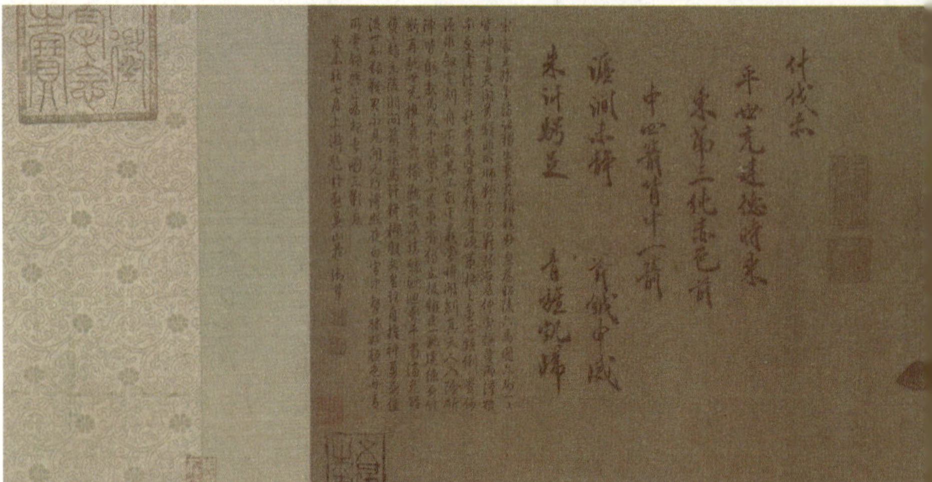

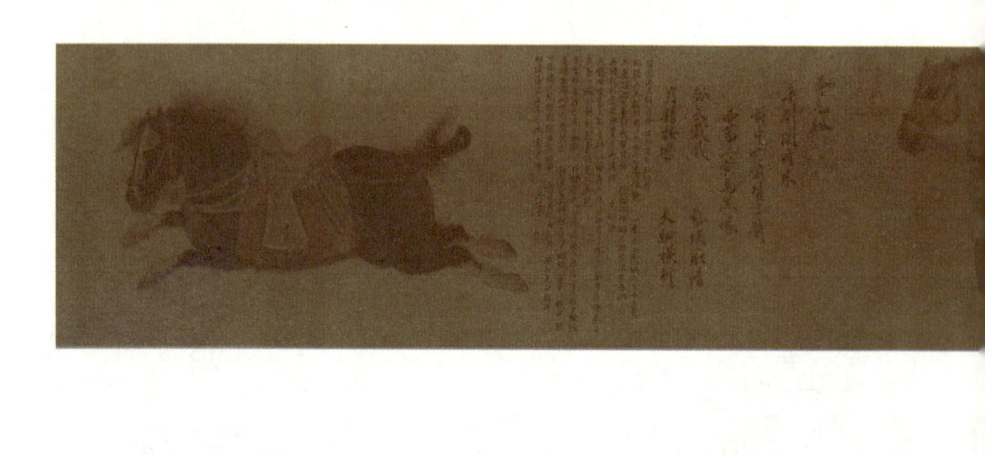

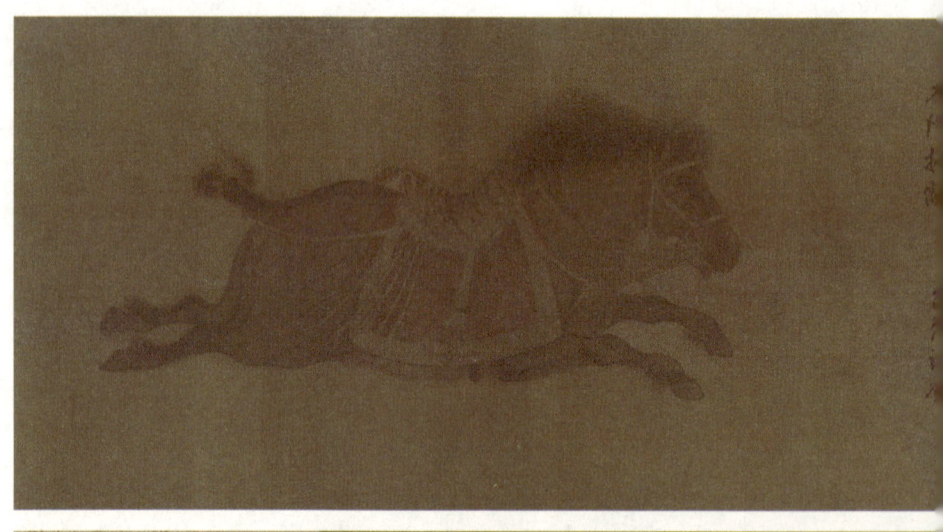

《昭陵六骏图》卷（局部） （金）赵霖 收藏于北京故宫博物院

"昭陵六骏"是唐太宗李世民在建立唐朝时，先后骑过的六匹战马，分别是：飒露紫、拳毛䯄、白蹄乌、特勒骠、青骓、什伐赤。唐太宗为表纪念，命人在其昭陵雕刻了六骏的浮雕。

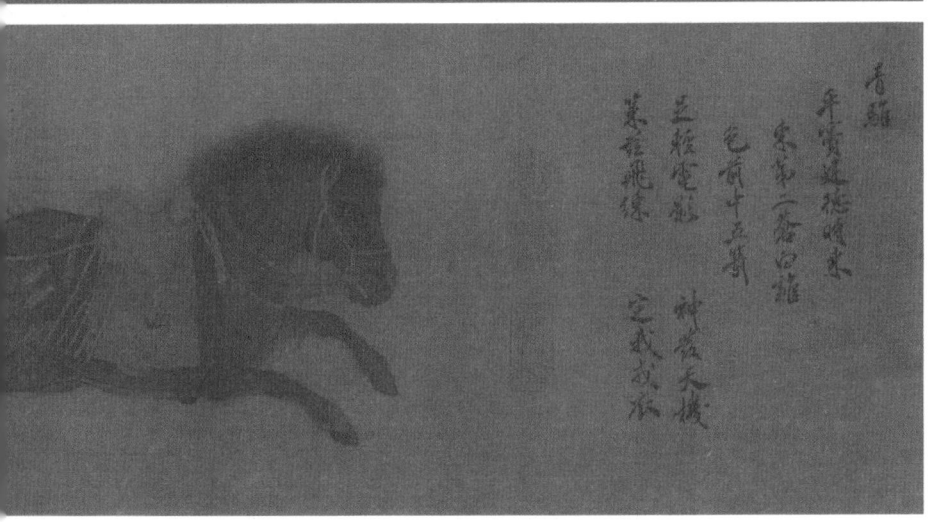

策马图

选自《钦定补绘离骚全图》册　（清）萧云从\原作　（清）门应兆\补绘　收藏于中国台北“故宫博物院”

战国时期秦国的养马业发展得最好，据《古今注》记载，秦始皇有七匹骏马，称为七骏：一曰追风；二曰白兔；三曰蹑景；四曰追电；五曰飞翮；六曰铜爵；七曰晨凫。秦始皇能吞并六国，想来骑兵作战功不可没。

八

天子之骏[①]：赤骥、盗骊、白义、逾轮、山子、渠黄、华骝、绿耳[②]。狗[③]：重工、彻山、藿猳、□黄、南□、来白[④]。天子之御[⑤]：造父、叅百、耿翛、芍及[⑥]。曰天子是与出□入薮[⑦]，田猎钓弋[⑧]。天子曰：“於乎[⑨]！予一人不盈于德[⑩]，而辨于乐[⑪]，后世亦追数吾过[⑫]乎！”七萃之士□[⑬]天子曰：“后世所望，无失天常[⑭]。农工既得[⑮]，男女衣食[⑯]；百姓珤富[⑰]，官人执事[⑱]。故天有峕[⑲]，民□氏响□[⑳]。何谋于乐[㉑]！何意之忘[㉒]！与民共利[㉓]，世以为常[㉔]也。”天子嘉[㉕]之，赐以左佩玉华[㉖]。乃再拜顿首[㉗]。

【注释】

① 骏：跑得快的马，好马。马的美称。

② 赤骥、盗骊、白义、逾轮、山子、渠黄、华骝、绿耳：赤骥，红色的千里马。骥，骐骥，即千里马。盗骊，黑色的骏马，《说文》中记载："骊，马深黑色。"白义，白色的骏马，有作"白蚁"。逾轮，紫色的骏马。逾，紫色或杂色，此处取紫色为宜。山子，马名，应为黄色的马。渠黄，黄白间色的骏马。华骝，亦作"骅骝"，枣红色的骏马，也称枣骝。绿耳，绿耳朵的骏马。

③ 狗：疑前脱三字。狗，作"天子之狗"。

④ 重工、彻山、藿猳、□黄、南□、来白：重工，狗名，无色花狗。彻山，狗名，毛色黑中带黄的狗。藿（guàn）猳（jiā），狗名，毛色如藿叶的青色。□黄，狗名，此处阙文不敢认定，大概为毛色为棕黄色的狗。南□，狗名，此处阙文不敢认定，有说法为"丹"，毛色火红的狗。来白，狗名，毛色发白的狗。

⑤ 天子之御：为天子驾车的人。御，驾驭，驭手。

⑥ 造父、叅百、耿翛（xiāo）、芍及：皆为人名。叅通"叁""三"。

⑦ 出□入薮（sǒu）：此处阙文应为"林"之类的字，暂定为"林"。出入山林、湖泽。薮，生长着很多草的湖泽，比"泽"面积更大。《说文》中记载："薮，大泽也。"

⑧ 田猎钓弋：围猎、钓鱼、射鸟。田猎，一种围猎的形式，注重军事训练，与祭祀有关。弋，用绑着绳子的箭射鸟。

⑨ 於乎：同"呜乎"，感叹词。

⑩ 不盈于德：德行不够。盈，满，充满。

⑪ 辨于乐：沉溺于玩乐之中。古籍中，"辨""般""班"可通用，"般"，沉溺娱乐。

⑫ 过：过失，过错，不足。

⑬ □：此处阙文。应为进言来宽慰、劝慰周穆王。有一说法为"谏"，谏言。编者认为脱文两字，为"上谏"。

⑭ 天常：天理，天道，纲纪法度。

⑮ 农工既得：农夫、工匠各得其所。

⑯ 男女衣食：男人女人丰衣足食。

⑰ 百姓珤富：百姓吃得饱、有钱花。珤，此处通"饱"。

⑱ 官人执事：当差的人各司其职。

⑲ 旹：古代"时"字，此处指"四时"。

⑳ 民□氏响□：此处应为十二字或二十字，具体语义不详。大概为四季风调雨顺、百姓安居乐业之意。

㉑ 何谋于乐：为什么说是贪图享乐呢？

㉒ 何意之忘：怎么认为是忘记德行呢？

㉓ 共利：共同获得利益。

㉔ 常：常理，天理，正常。

㉕ 嘉：嘉奖，称赞。

㉖ 左佩玉华：在左侧佩戴的玉饰，也作"左佩华也"。

㉗ 顿首：叩头至地。

【译文】

　　周穆王的骏马有：赤骥、盗骊、白义、踰轮、山子、渠黄、华骝、绿耳。周穆王的猎狗有：重工、彻山、䝸猣、□黄、南□、来白。周穆王的驭者有：造父、三百、耿翛、芍及。周穆王带领他们出入于山林、湖泽之中，围猎、钓鱼、射鸟。周穆王说："唉！我的德行还不够，沉溺于玩乐之中，也许后人会指责数落我吧！"禁军卫士中有一人向周穆王行拜礼谏言，并说："后世所希望的，是您不要违背了天道。如今，农夫、工匠各得其所，人人丰衣足食，百姓安居乐业，当差的人各司其职，四季风调雨顺……为什么说是贪图享乐呢？怎么能认为是忘记德行呢？天子与百姓共同获得利益，世人都认为这是常理。"周穆王很赞同他的这番话，就解下左边的玉佩赏赐给了他。于是他拜了两次，叩头至地。

游畋失位

选自《帝鉴图说》法文外销画绘本 （明）佚名 收藏于法国国家图书馆

夏后启的第二个儿子太康即位之后，整天只知饮酒作乐，沉迷声色，东夷部落的有穷氏首领后羿趁太康外出狩猎时占领了夏都。这就是历史上著名的"太康失国"。

受无逸图

选自《帝鉴图说》法文外销画绘本 （明）佚名 收藏于法国国家图书馆

宋代学士孙奭（shì）将《书·无逸》中记载帝王勤政恤民的事迹，画成了一幅《无逸图》，献给了宋仁宗。宋仁宗看后十分喜欢，便将这幅画挂在了讲读阁中，日日观览，还命蔡襄在屏风上书写《书·无逸》，用以提醒自己不要贪图安逸。

卷二

穆天子传

导读

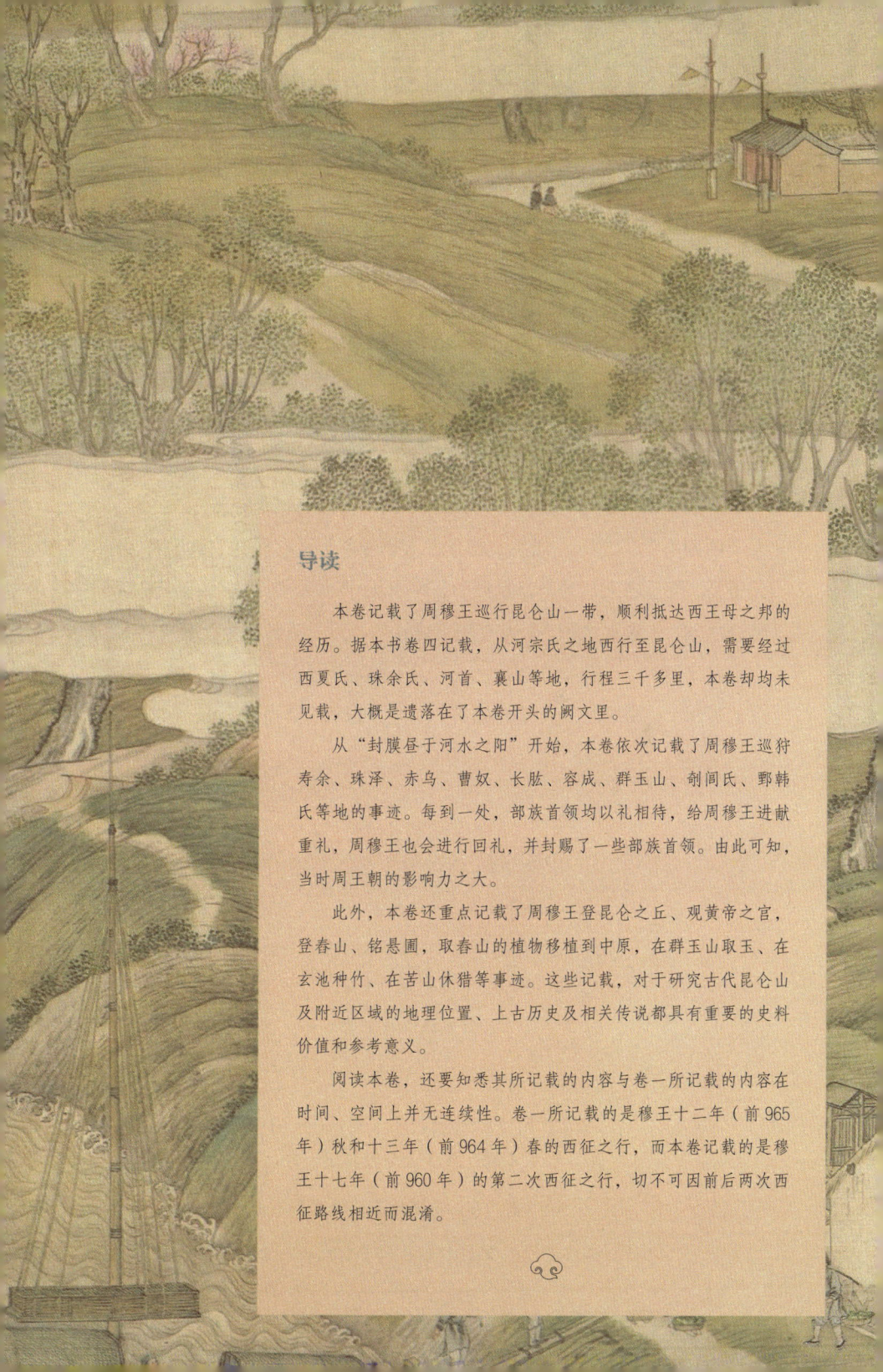

本卷记载了周穆王巡行昆仑山一带，顺利抵达西王母之邦的经历。据本书卷四记载，从河宗氏之地西行至昆仑山，需要经过西夏氏、珠余氏、河首、襄山等地，行程三千多里，本卷却均未见载，大概是遗落在了本卷开头的阙文里。

从"封膜昼于河水之阳"开始，本卷依次记载了周穆王巡狩寿余、珠泽、赤乌、曹奴、长肱、容成、群玉山、剞闾氏、䣙韩氏等地的事迹。每到一处，部族首领均以礼相待，给周穆王进献重礼，周穆王也会进行回礼，并封赐了一些部族首领。由此可知，当时周王朝的影响力之大。

此外，本卷还重点记载了周穆王登昆仑之丘、观黄帝之宫，登舂山、铭悬圃，取舂山的植物移植到中原，在群玉山取玉、在玄池种竹、在苦山休猎等事迹。这些记载，对于研究古代昆仑山及附近区域的地理位置、上古历史及相关传说都具有重要的史料价值和参考意义。

阅读本卷，还要知悉其所记载的内容与卷一所记载的内容在时间、空间上并无连续性。卷一所记载的是穆王十二年（前965年）秋和十三年（前964年）春的西征之行，而本卷记载的是穆王十七年（前960年）的第二次西征之行，切不可因前后两次西征路线相近而混淆。

一

□伯夭曰①。□②封膜昼③于河水之阳④,以为殷人主⑤。丁巳⑥,天子西南升□⑦之所主居⑧。爰有大木硕草⑨。爰有野兽,可以畋猎。戊午⑩,疐□之人居虑⑪,献酒百□⑫于天子。天子已饮而行,遂宿于昆仑之阿⑬,赤水之阳⑭。爰有鹗鸟之山⑮,天子三日舍⑯于鹗鸟之山。□吉日辛酉⑰,天子升于昆仑之丘⑱,以观黄帝之宫⑲,而封□隆之葬⑳,以诏后世㉑。癸亥㉒,天子具蠲齐㉓牲全,以禋□㉔昆仑之丘。

【注释】

① □伯夭曰:此处阙文多,具体不详。只可知,河宗氏伯夭向周穆王进言。

② □:此处阙文。根据下文"天子乃封长肱于黑水之西阿"可推断此处阙文为"天子乃"。阙文或不止这三字,还有伯夭向周穆王说的话,内容可能是向周穆王介绍膜昼。

③ 膜昼:人名,部族首领。

④ 河水之阳:黄河上游的北岸一带,具体位置不详。

⑤ 以为殷人主:让膜昼主持祭祀殷人祖先。主,主持祭祀。

⑥ 丁巳:穆王十七年六月初九。应为周穆王二次西征,

时间上与卷一相差较多，不连贯。

⑦ 升□：此处阙文，或不为一字。按《穆传》文例，此处必为山名。"之所主居"前必为人名，或为"寿余之人"。由下文可知，周穆王已接近昆仑山，此山为昆仑山附近的山。

⑧ 主居：主要居所。

⑨ 大木硕草：高大的树木，硕大的草。硕，大。

⑩ 戊午：六月初十。距前"丁巳"已有一日。

⑪ 鬵□之人居虑：部族名。鬵，"寿"字异体异构。一说"鬵□"是"寿余"，译文从此。居虑，人名。寿余部族的首领。

⑫ 百□：此处阙文，或为盛酒的容器。依下文"赤乌之人其献酒千斛（hú）于天子"，可推断此处或为"斛"。斛，古代方形量酒器，口小，底大，容量为十斗（后改为五斗）。

⑬ 昆仑之阿：昆仑山山下。古代昆仑山的位置诸说不一，有以下四种：一说在酒泉南，即今祁连山；二说在新疆于阗（今和田）南，即今昆仑山脉；三说在青海，即今巴颜喀喇山；四说为古昆仑乃融合西域（包括今新疆、青海、甘肃等）诸地理特点而成的传说。但在先秦至西汉汉武帝以前，唯有第一说存在。编者以第一说为参考。

⑭ 赤水之阳：赤水河的北岸。赤水，古昆仑山附近的一条河，应为那木齐图乌兰木伦河。《西山经》有"赤水出昆仑而东南流"之说，恰与此合。

⑮ 鹯（zhān）鸟之山：山名，应为古昆仑山脉中的一山。

⑯ 三日舍：住了三宿。舍，住一宿。

⑰ □吉日辛酉：此处阙文，或为"及"，等到。辛酉，六月十三日，距前"戊午"已有三日。

⑱ 昆仑之丘：昆仑山的最高峰。丘，本指土堆、土山，此处指最高峰、顶峰。

⑲ 黄帝之宫：黄帝的宫室。黄帝，中国古代部落联盟首领，五帝之首，被尊为"人文初祖"。据《史记·五帝本纪》记载，"黄帝者，少典之子，姓公孙，名曰轩辕""有土德之瑞，故号黄帝""黄帝崩，葬桥山"。

⑳ 封□隆之葬：此处阙文为"丰"，即封丰隆之葬，意为给丰隆的墓葬覆盖新土。

㉑ 诏后世：诏告后人。

㉒ 癸亥：六月十五日。距前"辛酉"已有二日。

㉓ 蠲齐（juān zī）：洁净的粢（zī）盛。蠲通"洁"，洁净，使洁净。齐通"粢"，本义为古代供祭祀用的谷物，泛指谷物。

㉔ 禋（yīn）□：此处阙文应为"禋祀"。《周礼·春官大宗伯》载"以禋祀祀昊天上帝"。禋祀，把祭神的谷物与牺牲置于柴堆上，烧柴升烟，以祭祀神灵。

【译文】

伯夭向周穆王进言道："……。"周穆王便把黄河上游北岸一带的土地封赐给膜昼，让膜昼主持祭祀殷人祖先。周穆王十七年六月初九，周穆王从西南方登上□山，那里是寿余族人的主要居所。那里树木高大、野草丰茂，还有野兽，可以进行围猎。六月初十，寿余族人首领居虑向周穆王献上百斛美酒。周穆王喝了酒后继续西巡，晚上在昆仑山脚下的赤水河北岸住了下来。那里有座鹦鸟山，他在山上住了三个晚上。六月十三日是个吉日，周穆王选定这天登上了昆仑山，观看了黄帝的宫室，并给丰隆的坟墓覆盖上一层新土，以此诏示后人。六月十五日，周穆王准备了洁净的粢盛和体态完整的牺牲祭祀，并以烧柴升烟的方式祭祀昆仑山。

神农像
选自《帝王道统万年图》册 （明）仇英 收藏于中国台北"故宫博物院"
神农氏是上古姜姓部落的首领，相传他亲尝百草，记录其药性用来治病，还发现了适宜种植和食用的粮食作物，促进了农业的发展。

后稷像

选自《帝王道统万年图》册 （明）仇英 收藏于中国台北"故宫博物院"

后稷（jì）是黄帝玄孙，周族始祖，因其善种谷物，教会了部落人民耕种，所以又被称为"农神"。《山海经·大荒西经》中有记载："有西周之国，姬姓，食谷。有人方耕，名曰叔均。帝俊生后稷，稷降以百谷。"

黄帝像

选自《帝王道统万年图》册 （明）仇英 收藏于中国台北"故宫博物院"

黄帝是古代部落的首领，亦称有熊氏。在他继位之后，大力发展神农氏传下来的农业知识，形成了独立的黄帝部落。

二

甲子^①，天子北征，舍于珠泽^②，以钓于汾水^③。曰珠泽之薮^④，方三十里^⑤。爰有雚苇^⑥、莞蒲^⑦、茅萯^⑧、蒹^⑨、葽^⑩。乃献白玉，□只，□角之一，□三^⑪，可以□沐^⑫。乃进食□^⑬，酒十□^⑭，姑劓九□^⑮，亦味中麋胃而滑^⑯。因献食马^⑰三百，牛羊三千。天子□昆仑^⑱，以守黄帝之宫，南司赤水^⑲，而北守^⑳春山之珤。天子乃□^㉑之人□吾^㉒黄金之环三五^㉓，朱带贝饰三十^㉔，工布三四^㉕。□吾乃膜拜^㉖而受。天子又与之黄牛二六，以三十□人^㉗于昆仑丘。

【注释】

① 甲子：六月十六日。距前"癸亥"已有一日。

② 珠泽：湖泽名。因盛产珠宝而得名。具体位置不详。一说认为是今伊斯库里泊，在新疆和阗西北百余里；一说认为是今巴格思海子；一说认为是古罗布泊，那里生长着下文所提及的菖蒲，古时称为"菖蒲海"。编者认为该湖沼并非大泽，沧海桑田，该湖泽或许早已不存在，强考无益，大概位置在古昆仑山主峰脚下十里至三十里范围内。

③ 汾（liú）水：流水，由珠泽向外流淌的溪水。汾，古

"流"字。

④ 薮（sǒu）：生长着很多草的湖泽。

⑤ 方三十里：方圆三十里。古代"一里"并非如今的500米，约为其0.7至0.8倍。《穆天子传》中少有湖泽大小的记载，此处应该是此湖较其他湖的面积更大。

⑥ 萑（huán）苇：水草名。即萑（guàn）苇，芄兰和芦苇。《尔雅·释草》载："萑，芄兰。"

⑦ 莞（guān）蒲：草名，即蒲草。多年生草本植物，生于沼泽、水畔。茎细而圆，高五六尺，丛生，茎可织席。

⑧ 茅萯（fù）：茅草和黄蓓草。萯，通"菩""蓓"。《尔雅·释草》："蓓，黄蓓，草名。"

⑨ 蒹（jiān）：水草名。一种常见的水草，即芦苇。《尔雅·释草》："蒹，即今芦也。"

⑩ 葽（yāo）：草名。一说为狗尾巴草，一说为中药远志。《说文》："葽，狗尾草也。"《尔雅·释草》："葽绕，棘菀。"

⑪ 乃献白玉，□只，□角之一，□三：此处阙文颇多，具体不详。句前可能缺主语，推测应为"珠泽之人"乃献白玉。白玉之后应为数量词，具体无考。此处至少进献四种礼品，或许有几种为生活洗漱用品。

⑫ □沐：此处阙文。与沐浴有关，具体不详。

⑬ 食□：此处阙文。或为食物名称和数量，具体不详。

⑭ 酒十□：此处阙文，应为"斛"。

⑮ 姑劓（yì）九□：某种食物，编者推测应为当地的一

种特产，外形类似鼻子，泡水后会成为一种糊状食物。阙文应为装盛姑劙的容器单位。

⑯ 亦味中麋胃而滑：亦，本作"亓（qí）"，同"其"。味，味道。中，适合。麋胃，使胃舒服。此处意为这些食物很美味，吃下去会使胃很舒服。

⑰ 食马：可供食用的马。

⑱ 天子□昆仑：此处阙文。推断为"天子乃封珠泽之人□吾于昆仑旁，所封之人与下文"□吾"为同一人。

⑲ 南司赤水：管理赤水河以南一带。司，掌管，管理。

⑳ 北守：在北侧守护。

㉑ □：此处阙文。应为"赐"，赏赐，赐予。

㉒ □吾：人名。

㉓ 黄金之环三五：黄金环十五个。此处计数为"三五"十五，而非三十五。

㉔ 朱带贝饰三十：三十条用贝壳装饰的红色绶带。

㉕ 工布三四：十二匹工巧的布匹。

㉖ 膜拜：古代的一种拜礼，合掌加额，伏地长跪两拜。在古代，我国西北地区的少数民族对敬畏者多行此礼。

㉗ 以三十□人：此处阙文。或为数字，或为"官"，未可知。三十多个中原人或为留下帮助饲养、放牧黄牛之用。

【译文】

　　六月十六日，周穆王向北巡行，在珠泽住了一晚，后在一处溪流旁钓鱼。珠泽方圆三十里，附近长有芄兰、芦苇、蒲草、茅草、黄蓓草、狗尾巴草等。珠泽人献给周穆王多块白玉和一些生活洗漱用品，又献上美酒，以及姑劓在内的各种食物，这些食物很美味，吃下去会使胃很舒服。最后他们又献上三百匹可以食用的马，三千头牛羊。于是，周穆王将昆仑山旁边的土地封给珠泽人□吾，让他守护黄帝的宫室，管理赤水河以南的区域，守护钟山北侧的珍宝。周穆王又赏赐珠泽人□吾十五个黄金环，十条用贝壳装饰的红色绶带，十二匹工巧的布匹。□吾于是合掌加额，伏地长跪两拜周穆王，并收下了这些赏赐之物。周穆王又赏给他十二匹黄牛，并把三十余名随行的中原人留在了昆仑山。

古代常见的农作物 ▶
选自《诗经名物图解》册 ［日］细井徇 收藏于日本东京国立国会图书馆

1. 稻和粱：即水稻和高粱，它们是我国古代常见的粮食作物，水稻脱壳后就是常吃的大米，高粱脱壳后就是高粱米。

2. 黍和稷：《本草纲目》中记载："黏者为黍（shǔ），不黏者为稷。稷可作饭，黍可酿酒。"

3. 荏菽：即大豆，古代重要的农作物。

4. 麦：小麦，磨出的粉即面粉，可制作馒头、面条等食物。

稻和粱

黍和稷

麦

荏菽

三

季夏丁卯①，天子北升于春山之上，以望四野②。曰："春山，是唯天下之高山也③！"孳木华④不畏雪，天子于是取孳木华之实⑤，持归种之⑥。曰："春山之泽⑦，清水出泉，温和无风，飞鸟百兽之所饮食⑧，先王所谓县圃⑨。"天子于是得玉荣、枝斯之英⑩。曰："春山，百兽之所聚也，飞鸟之所栖⑪也。"爰有□兽⑫，食虎豹，如麋而载骨⑬，盘□⑭，始如麕⑮，小头大鼻。爰有赤豹、白虎、熊黑⑯、豺狼⑰、野马、野牛、山羊、野豕⑱。爰有白鹤⑲、青雕⑳，执犬羊，食豕鹿。曰天子五日观于春山之上。乃为铭迹㉑于县圃之上，以诏后世。

【注释】

① 季夏丁卯：夏末六月十九日。距前"甲子"已有三日。季，指一个季节中的第三个月。季夏，即农历六月。

② 以望四野：眺望四周广阔的原野。以望，眺望。

③ 唯天下之高山也：天下最高的山。

④ 孳（zī）木华：植物名。华通"花"，可能为雪莲，属菊科，因雪白如玉，状如莲花而得名。

⑤ 实：果实、种子。

⑥ 持归种之：拿回去种植它。此四字原为小字注文，洪

颐煊据《太平御览》引改。

⑦ 春山之泽：钟山的湖泽。

⑧ 饮食：饮水觅食。

⑨ 先王所谓县（xuán）圃：先王称其为仙境。县（xuán）圃，即玄圃，传说中昆仑山顶上神仙居住的仙境。《淮南子》："昆仑去地一万一千里，上有层城九重，或上倍之，是为阆风；或上倍之，是谓玄圃。以次相及。"具体地点待考。

⑩ 玉荣、枝斯之英：玉荣，即玉华，玉石之精华。枝斯，美玉。《尔雅·释地》："枝斯，……美玉也。"英，精英，美玉之精华。

⑪ 栖：栖息，休息。

⑫ □兽：此处阙文。一说作"猛"，猛兽。一说为"青""黑"之类的颜色。编者认为作"猛兽"不甚可取，一般猛兽通常体型大，但根据下文的描述，并非如此；"青兽""黑兽"亦不甚可取，若为颜色，应在下文描述该兽形态时使用"色青""色黑"等。所以编者认为或为"异""神"之类的字，为异兽或神兽，是一种在中原地区不曾见过的动物。

⑬ 如麋而载骨：外形像麋鹿，体型骨骼像豺狼。载通"豺"。

⑭ 盘□：此处阙文。疑为"角"字，意为其角盘曲。

⑮ 始如麇（jūn）：幼时像獐子。麇，即獐子，一作"麏"。似鹿而小，无角，黄黑色。

⑯ 熊罴（pí）：熊和罴。罴，熊的一种，即棕熊，又叫马熊，毛棕褐色，能爬树、会游泳，主要栖息在寒温带的针叶林中。

⑰ 豺狼：豺和狼。豺，哺乳动物，外形似狼，但比狼小，耳朵比狼短而圆，毛色多为棕红色，性凶猛，常成群围攻鹿、牛、羊等动物，也叫豺狗。

⑱ 野豕（shǐ）：野猪。豕，猪的统称。

⑲ 白鹖（sǔn）：白隼。鹖，同"隼"。白隼，一种猛禽，体形较大，又叫"巨隼"。

⑳ 青雕：黑色的大雕。

㉑ 铭迹：把事迹铭刻在石碑上。古代帝王登临名山时多刻石立表以纪事。

【译文】

夏末六月十九日，周穆王向北登上了舂山，他站在山顶眺望四周的原野，并说："这是天下最高的山啊！"山上有不畏寒雪的孳木花，周穆王把孳木花的种子采摘下来，准备带回中原种植。周穆王说："舂山附近的湖泽，那澄清的水都是从舂山中的泉眼里流出来的，这里气候温和，没有大风，是飞鸟、百兽饮水觅食的好地方，这就是先王所说的人间仙境啊！"周穆王在这里得到了玉华、枝斯一类的美玉。他说："舂山是百兽聚居之地、飞鸟栖息之地。"那里有一种能捕食虎豹的神兽，外形像麋鹿，体型骨骼如豺狼，头上角盘曲，幼时像獐子，头小鼻子大。那里还有红色的豹、白色的虎，熊和黑，豺和狼，还有野马、野牛、山羊、野猪。那里有白隼、黑色大雕，能捕捉犬羊，能吃猪和鹿。周穆王在舂山上观赏了五天，然后把事迹铭刻在玄圃的石碑上，以告知后世之人。

古人的狩猎活动

早在新石器时期，人们就开始了狩猎，捕获的猎物大多会作为食物，而少部分生擒的则会进行驯养。古代有些皇帝会以狩猎的形式训练军队，称为"秋狝"，清朝的乾隆皇帝便尤喜狩猎。

《乾隆皇帝射猎图》　（清）郎世宁　收藏于北京故宫博物院

《乾隆皇帝弋凫图》
（清）郎世宁　收藏于北京故宫博物院

《乾隆皇帝射狼图》
（清）郎世宁　收藏于北京故宫博物院

《乾隆皇帝刺虎图》
（清）郎世宁　收藏于北京故宫博物院

《乾隆皇帝挟矢图》
（清）郎世宁　收藏于北京故宫博物院

《乾隆皇帝殪熊图》
（清）郎世宁　收藏于北京故宫博物院

《乾隆皇帝落雁图》
（清）郎世宁　收藏于北京故宫博物院

四

壬申^①，天子西征。甲戌^②，至于赤乌^③。之人亓^④献酒千斛于天子。食马九百，羊牛三千，穄麦百载^⑤。天子使邵父^⑥受之。曰："赤乌氏先出自周宗^⑦，大王亶父^⑧之始作西土^⑨，封其元子吴太伯^⑩于东吴^⑪，诏以金刃之刑^⑫，贿用周室之璧^⑬。封丌璧臣长绰于春山之虱^⑭，妻以元女^⑮，诏以玉石之刑，以为周室主。"天子乃赐赤乌之人□亓^⑯墨乘四^⑰，黄金四十镒^⑱，贝带五十，朱三百裹^⑲。丌乃膜拜而受。曰："□山^⑳是唯天下之良山也，珤玉之所在，嘉谷^㉑生之，草木硕美。"天子于是取嘉禾^㉒，以归树于中国^㉓。曰天子五日休于^㉔□山^㉕之下，乃奏广乐。赤乌之人丌好献二女^㉖于天子，女听、女列以为嬖人^㉗。曰："赤乌氏，美人之地也，珤玉之所在也！"

【注释】

① 壬申：六月二十四日。距前"丁卯"已有四日。

② 甲戌（xū）：六月二十六日。距前"壬申"已有二日。

③ 赤乌：西域部族名。按时间行程推算，赤乌应在春山西边三百多里的地方。《史记·匈奴传》："岐、梁山、泾、漆之北有乌氏之戎，疑即赤乌氏之遗种也。"

④ 之人亓（qí）：此句前应省略了"赤乌"两字，因承

上省略为紧缩句。亓,人名,赤乌部族的首领。

⑤ 穄(jì)麦百载:一百车穄子和麦子。穄米,外形与黍子相似,籽实煮熟后不黏,也称糜子。载,车。

⑥ 邹父:人名。

⑦ 赤乌氏先出自周宗:赤乌氏的祖先与周人同宗。

⑧ 大王亶(dǎn)父:即古公亶父。周人祖先,相传为后稷十二代孙,是周文王的祖父。周人原居豳(bīn),在古公亶父的带领下迁往岐山,且部族日渐强盛,因此被周人追尊为太公王,亦称太王。

⑨ 始作西土:当初从西方发迹。西土,应指"豳",或更西的地方。

⑩ 元子吴太伯:古公长子太伯。子,天子或诸侯的嫡长子。吴太伯,又称泰伯,古公亶父的长子,是吴国的第一代君主。相传古公亶父欲传位给季历(周文王之父),太伯乃与其弟雍仲逃至荆,号句吴。《史记》载,至周武王时方追封吴太伯,非大王亶父所封,与《穆天子传》所载有异。

⑪ 东吴:我国长江下游南岸一带的地域。

⑫ 金刃之刑:制作金属刀剑的方法。刑,通"型",法则、方法。

⑬ 贿用周室之璧:赠送周王室的玉璧。贿,赠送财物。

⑭ 封亓璧臣长绰于舂山之虱:封他(古公亶父)的近臣长绰在舂山的边地。璧臣,也作嬖臣,即亲近之臣。长绰,人名,又作长季绰。虱,即"尸",古作"夷","夷"作"裔",边裔、边地。此处的"亓"同"其",

指古公亶父。

⑮ 妻以元女：将长女嫁给他为妻。

⑯ □亓：此处阙文，疑衍。译文删之。

⑰ 墨乘四：四辆黑色的车。

⑱ 镒（yì）：古代计量单位。一说二十两为一镒，一说二十四两为一镒。

⑲ 朱三百裹：三百袋朱砂。朱，朱砂，硫化汞的天然矿石，可作染料，可入药。

⑳ □山：此处阙文。根据上下文，推测为"舂"字，即钟山。

㉑ 嘉谷：古代以粟（小米）为嘉谷。此处代指各种谷物。

㉒ 嘉禾：嘉谷的禾苗，指优良的禾苗。

㉓ 树于中国：在周朝的国土上种植。树，种植。

㉔ 休于：在那里休息。

㉕ □山：此处阙文。同前，应为"舂"字，由此可以推测，此山并非单独的一座山，应为一段山脉的统称。

㉖ 好献二女：为结好而献出两位美女。又作"好献女"。

㉗ 嬖（bì）人：帝王的宠妾。

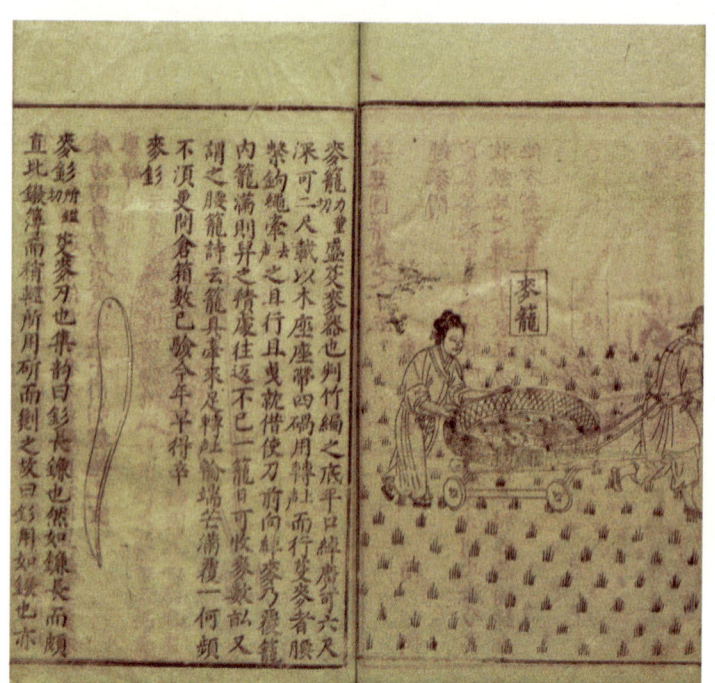

麦钐、麦绰、麦笼 选自《农书》明刊本 （元）王祯

古代用来收麦的一组联合工具。麦钐（shàn）是装在麦绰柄上的一个刀片，麦绰是用来聚拢麦秸，麦笼则用来盛装麦子，一般呈簸箕状。

【译文】

六月二十四日，周穆王继续向西巡行。六月二十六日，到了赤乌氏部族境内。赤乌氏部族首领亓向周穆王进献了一千斛美酒，九百匹可食用的马，三千头牛羊，一百车糜子和麦子。周穆王让郊父接收了这些礼物。周穆王说："赤乌氏的祖先与周人同宗，大王亶父当初便发迹于西方的土地，后来封赐他的长子太伯到东吴，传授他制作刀剑的方法，送给他周王室的玉璧。他还封赐了近臣长绰位于钟山的边

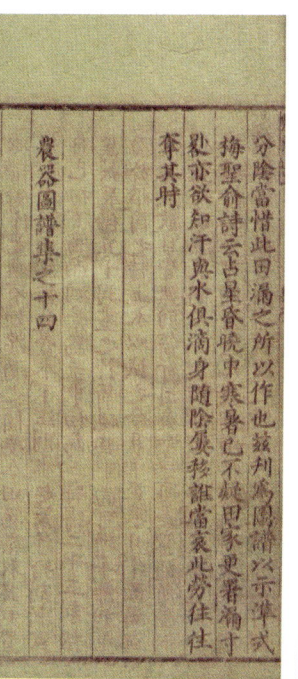

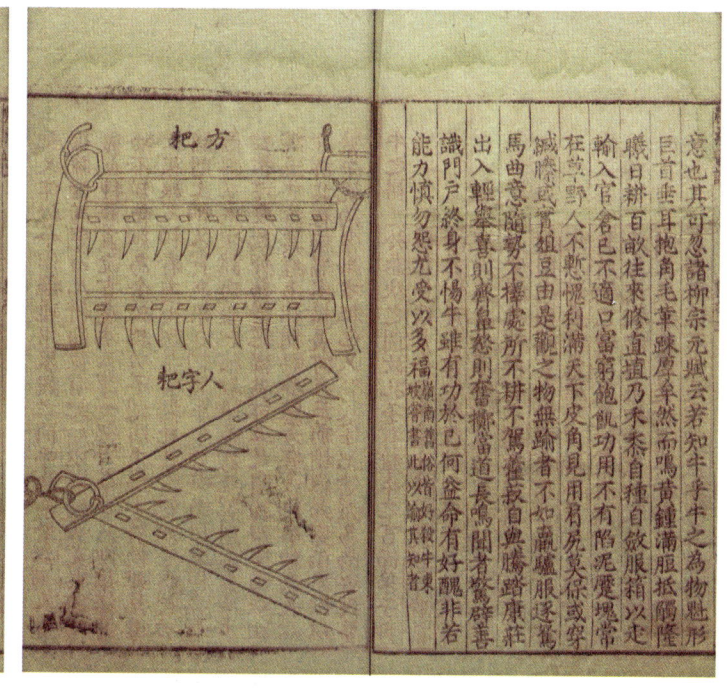

方耙和人字耙　选自《农书》明刊本　（元）王祯

古代用来翻土的农具。方耙和人字耙分别是一个长方形木框和一个人字形木框，上面装着耙齿。

地，并将长女嫁他为妻，传授他制作玉石的方法，让他主祭周人先祖。"于是，周穆王赐赠乌氏部族首领亓四辆黑色的车子，四十镒黄金，五十条用贝壳装饰的红色绶带，三百袋朱砂。亓合掌加额，伏地长跪两拜后收下了这些赏赐。周穆王在钟山脚下休息了五天，并演奏了盛大的乐曲。赤乌部族首领亓为与周穆王结好，献给他两位美女，一位叫听，一位叫列，她们都成了周穆王宠妾。周穆王说："赤乌部族不仅出美人，而且盛产宝石啊！"

《乾隆皇帝围猎聚餐图》轴 ▶

（清）郎世宁　收藏于北京故宫博物院

周朝时，鹿肉的做法已多种多样，有鹿肉酱、鹿肉脯、烤鹿肉、鹿肉片等。此画中是清代乾隆皇帝狩猎结束后，在猎场准备享用鹿肉的场景。

战国铁臿

收藏于荆州博物馆

古代用来挖土的农具。最初是神农氏发明的，称耒耜（lěi sì），战国时期称其为臿。

耧车

选自《中国自然历史绘画》 佚名

古代用来播种农物的工具。由耧辕、耧斗、耧腿、耧把等部件构成。

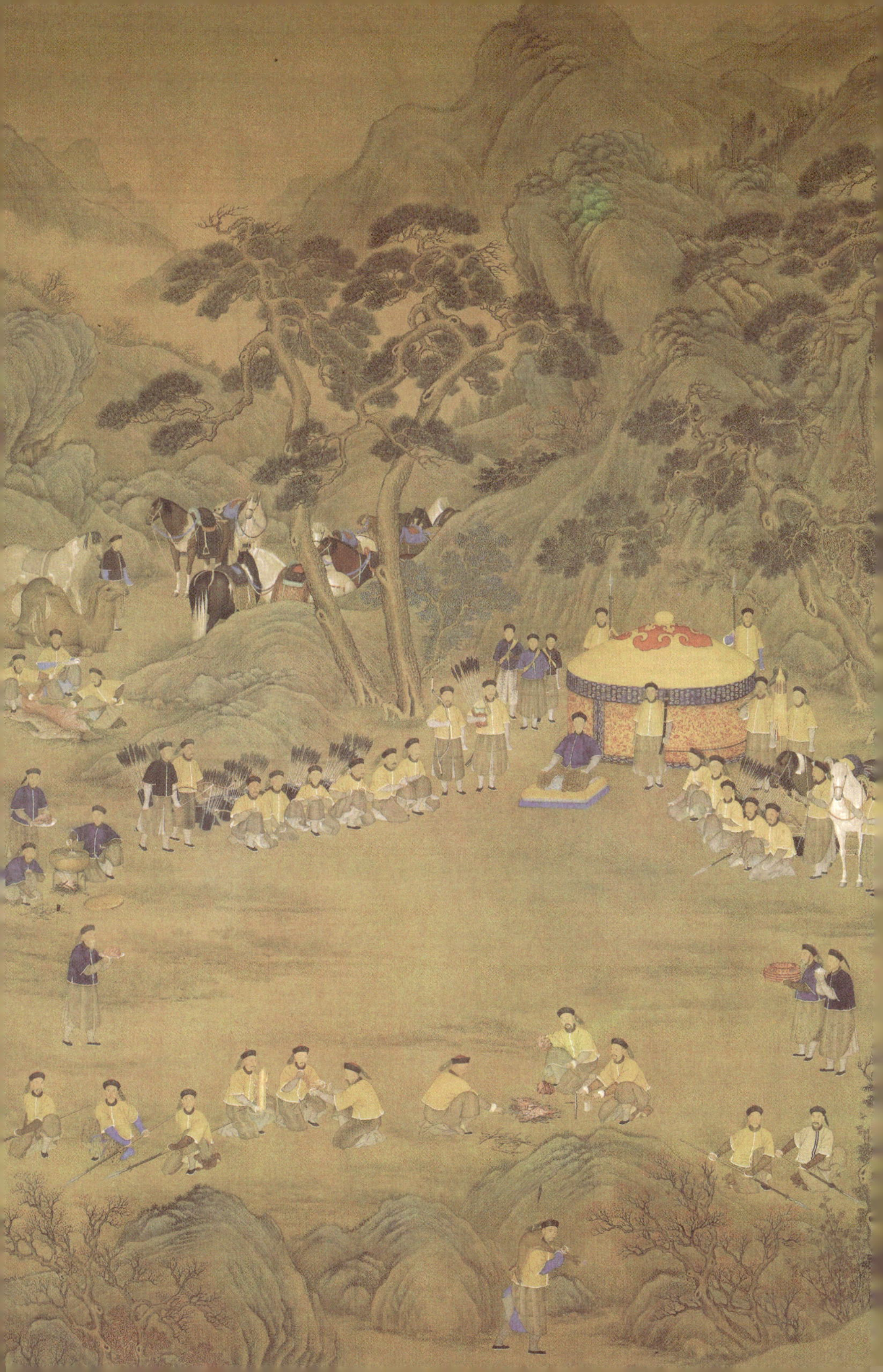

五

己卯①,天子北征,赵行□舍②。庚辰③,济于洋水④。辛巳⑤,入于曹奴⑥。之人戏⑦觞天子于洋水之上。乃⑧献食马九百,牛羊七千,穋米百车。天子使逢固⑨受之。天子乃赐曹奴之人戏□⑩黄金之鹿⑪,白银之麖⑫,贝带四十,朱四百裹。戏乃膜拜而受。

【注释】

① 己卯:七月初一。距前"甲戌"已有五日。

② 赵行□舍:不停地疾驰。赵,驱驰,奔驰。舍,一说是三十里,一说是停止。此处阙文或为数量词,或为"不",本书采用"不"字。

③ 庚辰:七月初二。距前"己卯"已有一日。

④ 洋水:水名。一说此洋水即《山经》中的洋水,即黑水;一说为今新疆疏勒府的喀什噶尔河;一说为养水,或名养女川,即今西宁市境的长宁河。一说洋水当在今甘肃酒泉附近。上古此处水系不明,汉时流入居延泽的有两大河流,即呼蚕水与羌谷水,二水合而为弱水。

⑤ 辛巳:七月初三。距前"庚辰"已有一日。

⑥ 曹奴:我国西部的一个部族。一说为赤乌氏的东邻曹

奴氏。

⑦ 之人戏：句前省略"曹奴"二字，省略为紧缩句。与上文"甲戌，至于赤乌。之人亓献酒千斛于天子"文例相同。戏，人名，曹奴部族首领。

⑧ 乃：句前省略"曹奴之人戏"。

⑨ 逢固：人名。周穆王的大夫，姬姓，又作"逢公固"。

⑩ □：此处阙文。或为赏赐的礼物；或衍。

⑪ 黄金之鹿：用黄金制成的鹿。

⑫ 白银之麕（jūn）：用白银制成的獐子。

【译文】

七月初一，周穆王向北巡行，疾驰不停。七月初二，渡过洋水。七月初三，进入曹奴部族的境内。曹奴部族首领戏在洋水岸边宴请周穆王，并进献九百匹可食用的马、七千头牛羊、一百车糜子和麦子。周穆王命大夫逢固接收了礼物，并赏赐曹奴部族首领戏用黄金制成的鹿，用白银制成的獐子，四十条用贝壳装饰的红色绶带，四百袋朱砂。戏合掌加额，伏地长跪两拜后收下了这些赏赐。

077

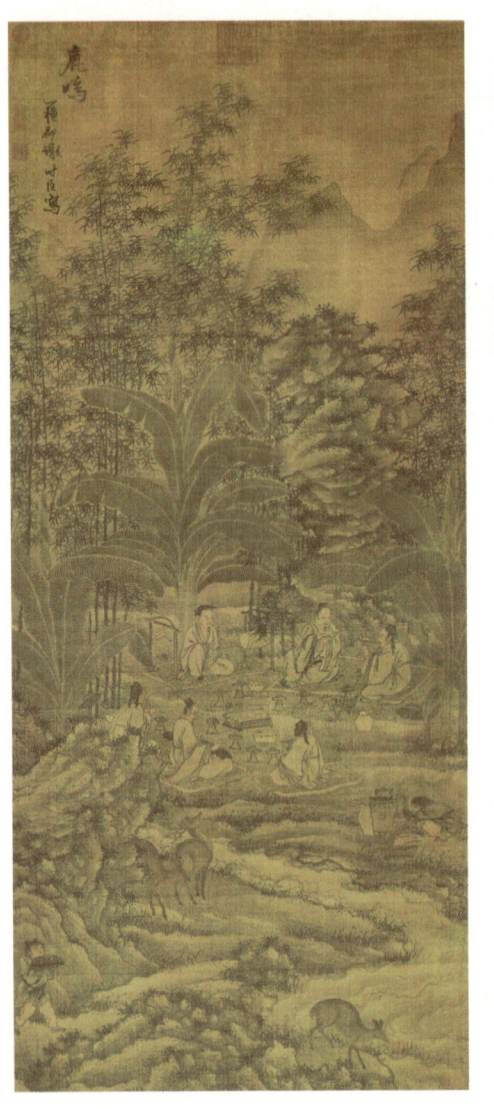

《鹿鸣嘉宴图》轴

（明）谢时臣　收藏于中国台北"故宫博物院"

鹿鸣宴始于唐朝，是乡试放榜后州县长官宴请新科举人的活动。其中的"鹿鸣"一词源自《诗经·小雅》："呦呦鹿鸣，食野之苹。我有嘉宾，鼓瑟吹笙。"该图描绘了周王宴请宾客的场景。

六

壬午①，天子北征，东还②。甲申③，至于黑水④，西膜之所谓鸿鹭⑤。于是降雨七日，天子留骨六师之属⑥。天子乃封长肱⑦于黑水之西河⑧，是惟鸿鹭之上⑨，以为周室主。是曰"留骨之邦"⑩。

【注释】

① 壬午：七月初四。距前"辛巳"已有一日。

② 东还：折向东边又调转向西行。还，又作"旋"，回旋，指转为反向。

③ 甲申：七月初六。距前"壬午"已有二日。

④ 黑水：水名。一说黑水是今甘肃武威境内的石羊河，其河三源并发冷龙岭，东侧源头是长泉水，又名白塔河，中部源头是马城河，西部源头是五涧水或沙河。三源汇流于武威北，即称黑水。另一说黑水是今新疆的叶尔羌河。本书取甘肃武威境内的石羊河。

⑤ 西膜之所谓鸿鹭：西膜人称黑水河为鸿鹭。西膜，西膜人，膜，通"漠"，即在西边大漠生活的人。

⑥ 留骨六师之属：留守等待六师的部属。留骨，疑"留胥"之误，"胥"字自汉以后别体甚多，皆与"骨"字形近。留胥，留下来等待。

⑦ 长肱：部族首领名。

⑧ 黑水之西河：黑水河的上游一带。黑水河向西而流，所谓"西河"，应为上游一带。

⑨ 是惟鸿鹭之上：此句对上句进行了具体解释。惟，只，单单。

⑩ 是曰"留骨之邦"：这里被命名为"留胥之邦"。是，这，这里。曰，称，称为。

【译文】

七月初四，周穆王向北巡行，向东折行，后来又调转方向转向西行。七月初六，到达了黑水河。西膜人称黑水河为"鸿鹭"。因为在那里遇到了连续七天的降雨，周穆王只好停下来等待六师的其他部属。他把黑水河上游一带赐封给当地的部族首领长肱，仅是鸿鹭上游的一带，并让他主祭周人先祖。因此，这里被命名为"留胥之邦"。

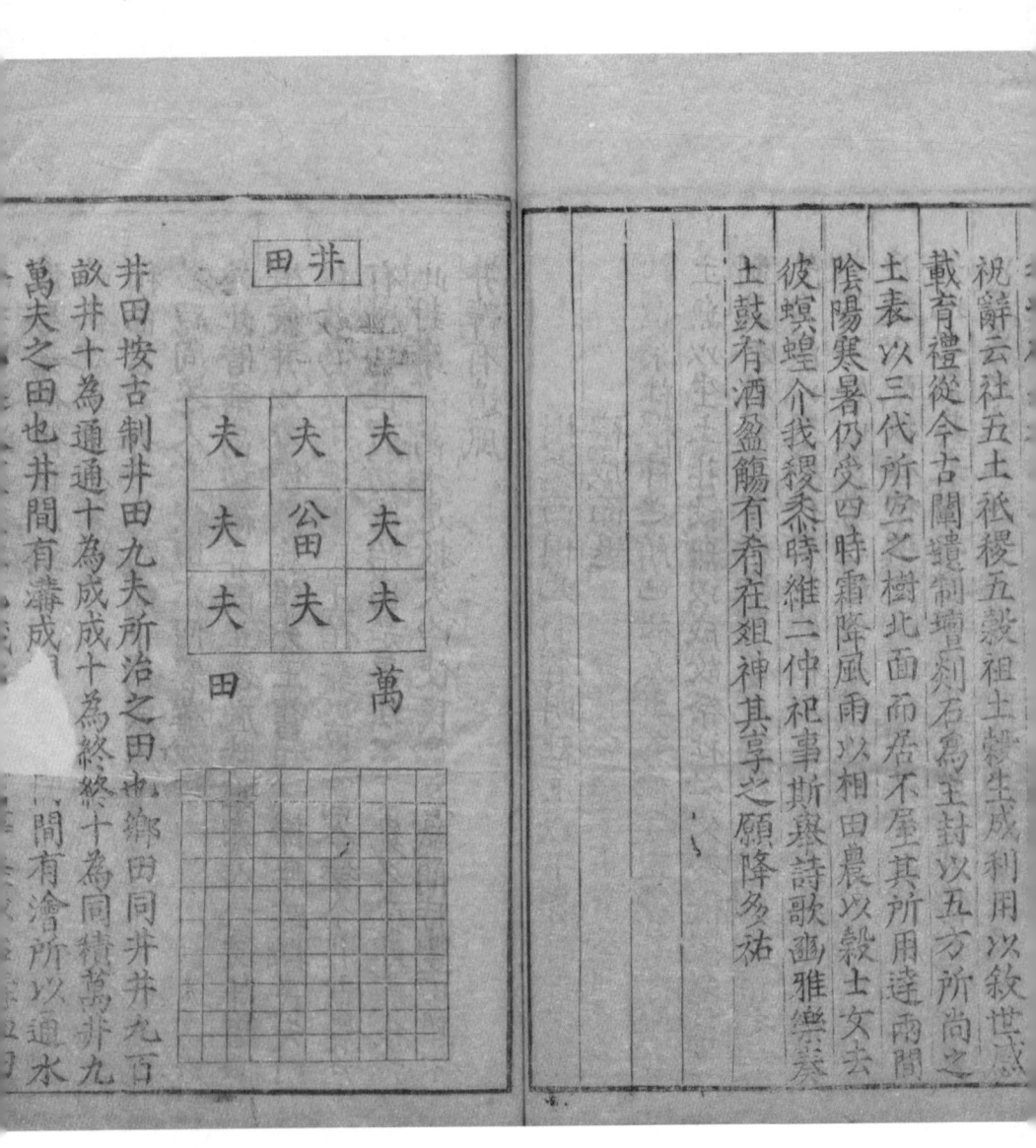

祝辭云社五土祇稷土穀生成利用以敘世感
載育禮從今古闢壝制墻臺刻石為主封以五方所尚之
土表以三代所空之樹北面而居不屋其所用達兩間之
陰陽寒暑仍受四時霜降風雨以相田農以穀士女去
彼螟螣蝗介我稷黍時維二仲祀事斯舉詩歌雅樂奏
土鼓有酒盈觴有肴在俎神其享之願降多祐

井田

夫	夫	夫
夫	公田	夫
夫	夫	夫萬

井田按古制井田九夫所治之田中鄉田同井井九百
畝井十為通通十為成成十為終終十為同同積萬夫九
萬夫之田也井間有溝成間有洫所以通水

井田制

选自《农书》明刊本　（元）王祯

井田制出现于商朝，是一种土地国有制，是将土地划分成九块，呈"井"字型，每块的田地长宽各为百步，叫作一"田"，面积约一百亩。九田中间的一块为公田，由八家农户共同耕种，而收成归贵族所有。

耕作图

选自《苏州市井商业图》册 （清）佚名 收藏于法国国家图书馆

春耕的时候，周天子和诸侯会亲自拿着耒耜在籍田上三推一拨，称为"籍礼"。

七

辛卯[①]，天子北征，东还，乃循黑水[②]。癸巳[③]，至于群玉之山[④]，容成氏[⑤]之所守。曰群玉田山□知阿平无险[⑥]，四彻中绳[⑦]，先王之所谓册府[⑧]，寡草木而无鸟兽[⑨]。爰有□木[⑩]，西膜之所谓□[⑪]。天子于是攻其玉石，取玉版三乘[⑫]，玉器服物[⑬]，载玉万只[⑭]。天子四日休群玉之山，乃命邢侯[⑮]待攻玉者[⑯]。孟秋丁酉[⑰]，天子北征，□之人潜甾[⑱]觞天子于羽陵[⑲]之上，乃献良马、牛羊。天子以其邦之攻玉石也[⑳]，不受其牢[㉑]。伯夭曰："□氏，槛□之后也[㉒]。"天子乃赐之黄金之婴[㉓]三六，朱三百裹。潜甾乃膜拜而受。

【注释】

① 辛卯：七月十三日。距前"甲申"已有七日。

② 乃循黑水：于是沿着黑水河溯流而行。由于巡行人数众多，周穆王西征多沿河流而行。由此可知，此处黑水河段应自西向东流之后又转向西流后又向南流淌至"留胥之邦"。此时周穆王离黑水河的源头越来越近。循，沿着，顺着，此处指逆着水流方向前行。

③ 癸巳：七月十五日。距前"辛卯"已有七日。

④ 群玉之山：山名，群玉山，因盛产玉石而得名。一说

群玉山即《山海经》所载"峚山",今称密尔岱山,在叶尔羌西南。一说祁连山出玉,所以有群玉山,群玉山在赤乌氏、春山东北。

⑤ 容成氏:部族名。原作容□氏,阙文。黄帝时史官为容成公,容成氏或为其后人。

⑥ 群玉田山□知阿平无险:"田"字疑"之"讹误。"□知"或衍。意为群玉山山势平缓,没有险阻。

⑦ 四彻中绳:彻,通达。中绳,拉直的墨线,比喻笔直、中正,符合标准。

⑧ 册府:也作"策府",即古代帝王藏书籍的府库。古代无纸,刻玉石为书,群玉山盛产玉石。

⑨ 寡草木而无鸟兽:草木稀少,没有飞鸟和野兽。

⑩ □木:此处阙文。或为"大",大木。

⑪ □:此处阙文。《山海经·西山经》载:"槐江之山,……其中多玉,其阴多榣。"槐江之山,一说在新疆境内,一说在甘肃境内,一说在今新疆与青海交界处。与本书所载群玉山位置相近。因此,阙文或为"榣",榣木,一种大树名,也称橜木、繇木。

⑫ 天子于是攻其玉石,取玉版三乘:也作"天子于是取玉三乘"。攻其玉石,即开采玉石。攻,开采,挖掘。玉版,玉板、玉片。乘,车。另注,因下文有"乃命邢侯待攻玉者",此处"天子于是取玉三乘"更为恰当。

⑬ 玉器服物:用于佩戴、装饰的玉器。

⑭ 只:此处疑讹误"雙",即两个、一对。古人赠玉多成双。

⑮ 邢侯:人名,姬苴,周公之后,封于邢(今河北邢台),周穆王的大夫。

⑯ 待攻玉者：等待开采玉石的工匠。

⑰ 孟秋丁酉：初秋七月十九日，距前"癸巳"已有四日。孟秋，秋季的第一个月，即七月。古代一个季节的第一个月用"孟"，第二个月用"仲"，第三个月用"季"。

⑱ □之人潜呰：此处阙文，应为部族名，容成氏，即居住在容成部族的首领。潜呰，人名，即潜呰（时）。

⑲ 羽陵：地名。具体位置不详，应离群玉山不远。

⑳ 以其邦之攻玉石也：命令他的族人开采玉石。邦，邦族，族人。

㉑ 不受其牢：没有接收他们的礼物。牢，此处指礼物，或通"劳"，慰劳，慰劳之物。

㉒ □氏槛□之后也："氏"前阙文应为"容成"，"槛"后阙文应为"诸"，槛诸，开采玉石，此处指玉工、采玉人。

㉓ 黄金之婴：也作"黄金之罂（yīng）"，黄金制作的容器。罂，罂缶，一种容器，小口大肚，扁圆形。

【译文】

七月十三日，周穆王向北巡行，折向东边又调转向西行，沿着黑水河，溯流而上。七月十五日，到达了群玉山，这是容成氏所守护的地方。群玉山山势平缓无险阻，四周平坦，先王称这里为"册府"。这里草木稀疏，没有飞鸟和走兽，只有一种大树，西膜人称其为"榣木"。周穆王在那里取得了三车玉石,还有可用于佩戴、装饰的玉器,另外,车上还足足装了一万对玉器。周穆王在群玉山休息了四天,还命令大夫邢侯在这里等待开采玉石的工匠。七月十九日,周穆王继续向北巡行,容成氏首领潜时在羽陵宴请周穆王,并献上好马、牛羊。周穆王命令周人来开采玉石,但没有接收他们的礼物。伯夭说:"容成氏是采玉人的后代。"于是,周穆王赏赐给他们十八个用黄金制成的罍缶,三百袋朱砂。潜时合掌加额,伏地长跪两拜后,收下了这些赏赐。

《春郊牧羊图》
(南宋)李迪 收藏于美国纽约大都会艺术博物馆

商周时期,羊除了作为食物,还经常用于祭祀,所以养羊业很发达。《墨子·天志篇》中就提到了:"四海之内,粒食人民,莫不犓(chú)牛羊。"

八

戊戌①，天子西征。辛丑②，至于剞闾氏③。天子乃命剞闾氏供食④六师之人于铁山⑤之下。壬寅⑥，天子祭于铁山，祀于郊门，乃彻祭器⑦于剞闾之人。温归乃膜拜而受。天子已祭而行，乃⑧遂西征。

【注释】

① 戊戌：七月二十日，距前"丁酉"已有一日。

② 辛丑：七月二十三日，距前"戊戌"已有三日。

③ 剞（jī）闾（lǘ）氏：西部部族名。

④ 供食：提供食物。

⑤ 铁山：山名，也作"鐡山"。铁山，顾名思义，可能因出产铁矿而得名。另一种可能是因山上不长草木而得名。编者认为后一种可能性较大，若为第一种，周穆王或许会让随行之人留守此处加以开采，用于制作兵器等。

⑥ 壬寅：七月二十四日，距前"辛丑"已过一日。

⑦ 天子祭于铁山，祀于郊门，乃彻祭器于剞闾之人：也作"天子登于铁山，乃彻祭器于剞闾之人"。祭，祭祀地祇。祀，祭祀天神。《周礼·鼓人》载："天神

称祀，地祇称祭。"彻祭器：撤去祭祀时用的礼器。彻，撤出，撤去。

⑧ 乃："乃"与"遂"均有"于是"之意。"乃"字放在句首或句中，有时无实义。

【译文】

　　七月二十日，周穆王向西巡行。七月二十三日，到达了刭间氏部族的境内。周穆王命令刭间氏在铁山下为六师部属提供食物。七月二十四日，周穆王在铁山和郊关举行了祭祀，祭祀用的礼器，最后都送给了刭间人。其首领温归合掌加额，伏地长跪两拜后，收下了这些赏赐。祭祀结束后，周穆王继续向西巡行。

西周时期的鼎

鼎是周朝时期贵族宴饮和祭祀时常用的礼器之一，常常与簋（guǐ）搭配使用，在使用上有严格的等级之分。周礼还额外规定了"九鼎八簋"制，即：天子九鼎八簋，诸侯七鼎六簋，大夫五鼎四簋，士三鼎二簋。因其数量的多少直接反映等级的高低，所以"问鼎"一词也成了觊觎权力的象征。

西周文方鼎
收藏于中国台北"故宫博物院"
高 26.2 厘米。

西周凤鸟纹鬲鼎
收藏于中国台北"故宫博物院"
高 24 厘米。

西周尹父乙鼎
收藏于中国台北"故宫博物院"

西周礼鼎
收藏于美国克利夫兰艺术博物馆
27.7 厘米 ×23 厘米。

九

丙午①,至于鄾韩氏②。爰有乐野温和③,稷麦之所草④,犬马牛羊之所昌⑤,瑶玉之所□⑥。丁未⑦,天子大朝于平衍之中⑧,乃命六师之属休。己酉⑨,天子大飨⑩正公⑪、诸侯⑫、王吏⑬、七萃之士于平衍之中。鄾韩之人无凫⑭乃献良马百匹,服牛⑮三百,良犬七千⑯,牝牛⑰二百,野马三百,牛羊二千,稷麦三百车⑱。天子乃赐之黄金银婴四七,贝带五十,朱三百裹,变□雕官⑲。无凫上下⑳乃膜拜而受。

【注释】

① 丙午:七月二十八日。距前"壬寅"已过四日。

② 鄾(juàn)韩氏:西域部族名。鄾,又作"䩭(zhān)",一说该部族在今乌兹别克斯坦安集延一带。一说在今敦煌至罗布泊一线上,更准确地说是在科什库都克与库木库都克附近,库姆塔格沙漠北缘。编者认为后说更为准确,因为周穆王顺着祁连山往西行进,这时应处于今新疆境内。

③ 乐野温和:平旷的田野,气候温和。"乐"字本无平旷之意。或许周穆王一行在荒漠中行走了多日,突然

见得平旷的田野,心头不由升起喜悦之情,因此将其记录为"乐野",即欢乐的田野、令人愉快的田野。《山海经·海外西经》也载有"大乐之野"的说法。温和,或为气候温和。

④ 草:晋人郭璞注"此字作草下皁,疑古'茂'字"。草,此处有茂盛之意。

⑤ 昌:昌盛,兴盛,兴旺。此处指犬马牛羊肥壮兴旺。

⑥ 瑶玉之所□:此处阙文。一说为"聚",即宝玉聚集的地方。一说为"出",出产宝玉的地方。编者认为应为"出",因为卷四有载:"凡好石器于是出。""出",也有出产之意,因此可参照。瑶玉,也作"宝石"。

⑦ 丁未:七月二十九日。距前"丙午"已过一日。

⑧ 平衍之中:平旷的原野之中。衍,低而平坦的土地。

⑨ 己酉:八月初一。距前"丁未"已过二日。

⑩ 大飨(xiǎng):设宴隆重招待。飨,初文为"乡"字,表示两人相向而食。篆书加"食"分化出"飨",其本义指众人相聚宴饮,引申为以酒食款待人,又引申为请人享用。

⑪ 正公:官名,为西周三上公之一,位在诸侯之上。

⑫ 诸侯:西周赐封的地方管理者。

⑬ 王吏:天子身边的官吏。

⑭ 无兒:人名,郫韩氏族首领。

⑮ 服牛:也作"用牛",可以役使的牛,驮物拉车的牛。《周易·系辞下》载"服牛乘马,引重致远",可见服牛乘马都可以承载重物走远路。

⑯ 良犬七千：七千只好犬，这里指经过训练的猎犬。七千，或为讹误，若说七千头牛羊还有可能，且不说训练七千只犬需要耗费多少物力，单说数量，一个部族除非喜好食狗肉，否则单作猎犬不应如此之多。疑为七十。

⑰ 牥（fāng）牛：一种颈背部隆起的野牛，相传可如骆驼一样在沙漠中远行。编者认为牥牛或为单峰骆驼。

⑱ 车：此处用"车"而不用"乘"。车，即不带车棚的光板车，多载物。乘，即带有车棚的车，多载人。

⑲ 变□雕官：系有丝织流苏的刻有图案的管状乐器。卷四有"丝绳雕官"，此四字应同。为一种乐器。《仪礼·聘礼》注："古文'管'作'官'。"丝绳，即丝类。雕管，刻有图案的管状乐器。

⑳ 上下：无凫率领的族人。

【译文】

七月二十八日，周穆王到达鄋韩氏境内。这里的田野十分平旷，使人不由心生愉悦，气候温暖宜人，糜子和麦子生长得十分茂盛，犬马牛羊肥壮兴旺，也出产宝玉。七月二十九日，周穆王在平旷的原野上举行大朝会，并命令六师部属在此休整。八月初一，周穆王在原野上大摆筵席，宴请正公、诸侯、穆王属官、禁军卫士。鄋韩氏的首领无凫进献了一百匹好马，三百匹驮物拉车的牛，七十只受过训练的猎狗，二百头单峰骆驼，三百匹野马，二千头牛羊，三百车糜子和麦子。周穆王赏赐他二十八件用黄金和白银制成的罄缶,五十条用贝壳装饰的红色绶带,四百袋朱砂,还有系着丝织流苏、刻有图案的管状乐器。无㠱率领族人合掌加额,伏地长跪两拜后收下了礼物。

十

庚戌①,天子西征,至于玄池②。天子休于玄池之上,乃奏广乐,三日而终③,是曰乐池④。天子乃树之竹⑤,是曰竹林⑥。癸丑⑦,天子乃遂西征。丙辰⑧,至于苦山⑨,西膜之所谓茂苑⑩。天子于是休猎⑪,于是食苦⑫。丁巳⑬,天子西征。己未⑭,宿于黄鼠之山西□⑮。乃遂西征。癸亥⑯,至于西王母之邦⑰。

【注释】

① 庚戌:八月初二。距前"己酉"已过一日。

② 玄池:湖泊名,黑色的湖。对此湖的具体位置说法不一。一说即今布哈尔城西南的登吉斯湖;一说为伊犁之西的伊塞克湖;一说即今新疆的罗布泊。罗布泊古名"泑泽",《山海经·西山经》有载,而"玄""泑"皆为水黝黑之意,此处湖滨多芦苇、水草及腐殖质,又

有盐分积累，使湖水微带黑色。加之罗布泊为历代中原通往西域的要道，在这一带现已考古发掘出大量自先秦以来的中原文物。编者认为此湖或位于今罗布泊附近。

③ 三日而终：历时三天才停止。终，终止，停止。

④ 乐池：玄池。周穆王在此奏三日盛大的乐曲，因此将此地改名。

⑤ 树之竹：在玄池周围种植竹子。树，种植。名词动用。之，代指玄池周围。

⑥ 曰竹林：称其为竹林。曰，此处指将其称为。

⑦ 癸丑：八月初五。距前"庚戌"已过三日。

⑧ 丙辰：八月初八。距前"癸丑"已过三日。

⑨ 苦山：山名。距离玄池约二三百里。苦山可能以山上长满苦菜而得名。苦菜，也许并非如今的苦菜，应是一类带苦味的可食用的植物。此处盛产苦菜，大概是因土壤中含盐碱偏多。

⑩ 茂苑：草木茂盛的园林。苑，古代养禽兽的地方。

⑪ 休猎：休息游猎。

⑫ 食苦：吃苦菜。

⑬ 丁巳：八月初九。距前"丙辰"已过一日。

⑭ 己未：八月十一日。距前"丁巳"已过二日。

⑮ 黄鼠之山西□：此处阙文。或为"黄鼠之山西阿"。意思就是黄鼠山的西山坡。黄鼠山，顾名思义，此山应多黄鼠。

⑯ 癸亥：八月十五。距前"己未"已过四日。

⑰ 西王母之邦：西域部族国名，以女性为首领。具体位置有一说可以参考：昆仑为今祁连山，群玉山在昆仑东北约三五百里，西王母又在群玉山西三千里；旷原之野为当今的新疆准噶尔盆地，西王母邦在其南一千九百里。由此可知，西王母之邦当在今新疆塔里木盆地与塔里木河东北缘之库尔勒、尉犁一带。西王母，为该邦国的女酋长、女首领。据考古研究表明，这一带确有母系社会遗迹，其中一些女性（特别是老年女性）的陪葬品等级明显高于他人。

【译文】

八月初二，周穆王向西巡行到达玄池。周穆王在玄池休息，命人演奏盛大的乐曲，历时三天才停止，同时也将此地改名为"乐池"。周穆王命人在玄池周围种植了竹子，并把这里称为"竹林"。八月初五，周穆王继续向西巡行。八月初八，到达苦山，西域人称这里为"茂苑"。周穆王在这里休息、游猎、吃苦菜。八月初九，周穆王向西巡行。八月十一，到达黄鼠山，并在其西山坡上留宿，然后继续向西巡行。八月十五，到达了西王母的邦国。

《八骏巡游》

选自《帝鉴图说》法文外销画绘本 （明）佚名 收藏于法国国家图书馆

周穆王姬满因向往修炼成仙的道术，驾着八匹骏马去昆仑山拜访女仙之首西王母，西王母在昆仑瑶池设宴招待了他。

卷三

穆天子传

导读

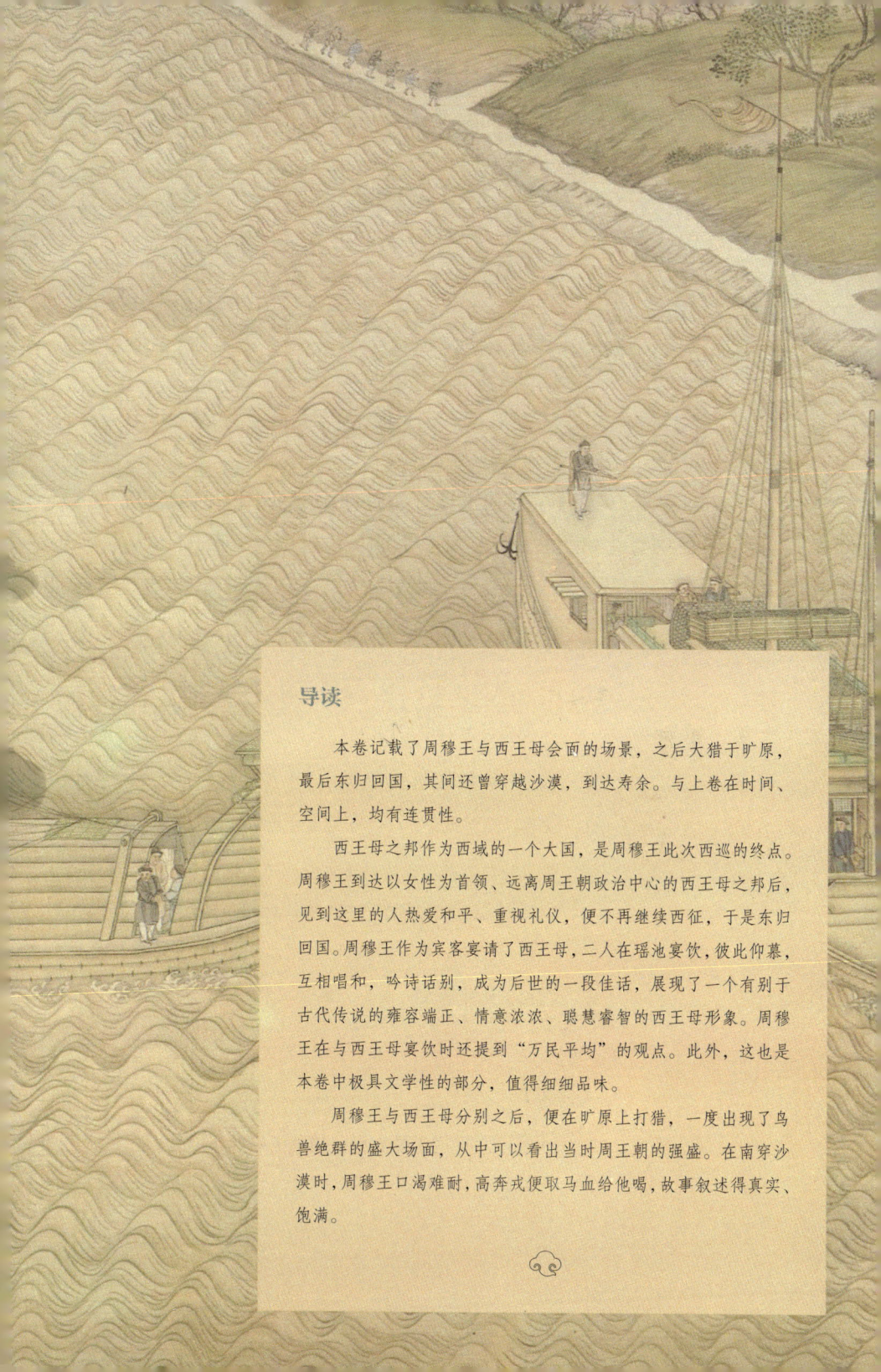

　　本卷记载了周穆王与西王母会面的场景,之后大猎于旷原,最后东归回国,其间还曾穿越沙漠,到达寿余。与上卷在时间、空间上,均有连贯性。

　　西王母之邦作为西域的一个大国,是周穆王此次西巡的终点。周穆王到达以女性为首领、远离周王朝政治中心的西王母之邦后,见到这里的人热爱和平、重视礼仪,便不再继续西征,于是东归回国。周穆王作为宾客宴请了西王母,二人在瑶池宴饮,彼此仰慕,互相唱和,吟诗话别,成为后世的一段佳话,展现了一个有别于古代传说的雍容端正、情意浓浓、聪慧睿智的西王母形象。周穆王在与西王母宴饮时还提到"万民平均"的观点。此外,这也是本卷中极具文学性的部分,值得细细品味。

　　周穆王与西王母分别之后,便在旷原上打猎,一度出现了鸟兽绝群的盛大场面,从中可以看出当时周王朝的强盛。在南穿沙漠时,周穆王口渴难耐,高奔戎便取马血给他喝,故事叙述得真实、饱满。

一

吉日甲子①,天子宾于西王母②。乃执白圭玄璧③以见西王母,好献锦组百纯④,□组⑤三百纯。西王母再拜受之。

【注释】

① 甲子:八月十六日。甲子是干支纪日中一个循环的首日,一个循环为六十天。

② 天子宾于西王母:周穆王到西王母处做客。宾,做客。

③ 玄璧:黑色玉璧,与白圭同为古代朝见时所执的礼器。

④ 好献锦组百纯:为结好而进献两千丈锦绣丝绢。锦组,织有彩色花纹的锦绣丝绢。纯,计量单位,一纯为一束、五两、十断、二十丈。

⑤ □组:此处阙文,或为"素"。素组,白色的丝绢。

【译文】

八月十六日这天是吉日,周穆王到西王母处做客。周穆王拿着白圭和黑璧来见西王母,以示尊重。为了结好还向西王母进献了两千丈锦绣丝绢和六千丈白色丝绢。西王母向周穆王拜了两拜,收下了这些礼物。

清代西王母坐像
木雕 收藏于中国台北历史博物馆
《山海经》中有西王母样貌的描述:"其状如人,豹尾虎齿而善啸,蓬发戴胜,是司天之厉及五残。"

二

　　□乙丑①,天子觞西王母于瑶池②之上。西王母为天子谣③,曰:"白云在天,山陵自出④。道里悠远,山川间之⑤。将子无死⑥,尚能复来⑦。"天子答之曰:"予归东土⑧,和治诸夏⑨。万民平均⑩,吾顾见汝⑪。比及三年⑫,将复而野⑬。"西王母又为天子吟⑭,曰:"徂彼西土⑮,

《周穆王与西王母瑶池宴会图》 屏风

（清）佚名　收藏于韩国京畿道博物馆

相传，周穆王与西王母在瑶池饮酒作乐，西王母问："白云在天，丘陵自出。道里悠远，山川间之，将子无死，尚能复来？"周穆王答："予归东土，和治诸夏。万民平均，吾顾见汝。比及三年，将复而野。"最终，周穆王并未再去昆仑山。

爰居其野[16]。虎豹为群，於鹊与处[17]。嘉命不迁[18]，我惟帝女[19]。彼何世民，又将去子！吹笙鼓簧[20]，中心翔翔[21]。世民之子，唯天之望[22]。"天子遂驱升于弇山[23]，乃纪名迹[24]于弇山之石，而树之槐[25]。眉曰："西王母之山。"[26]

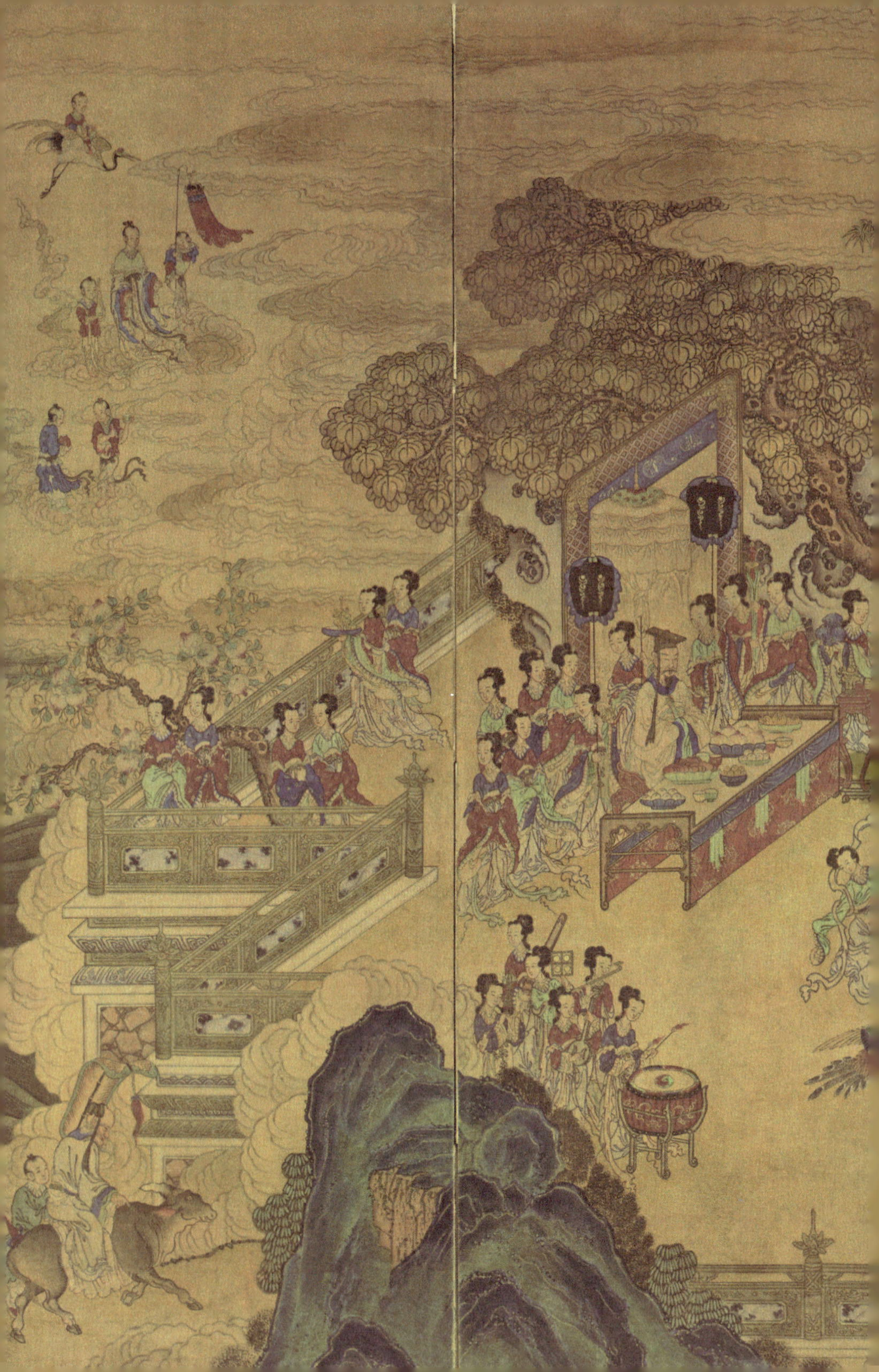

【注释】

① □乙丑：此处阙文，或为"吉日"，或衍。乙丑，八月十七日。距前"甲子"已过一日。

② 瑶池：湖泊名。关于瑶池的地理位置众说纷纭。一说瑶池为新疆的博斯腾湖、乌伦古河、赛里木湖，也有人称瑶池为新疆的巴坤里湖、天山天池。巴坤里湖、天山天池由于周围的山较高，不像描述中的瑶池，博斯腾湖、乌伦古河处于地势较低的谷底，也没有描述中周围貌似丘陵的小山。而赛里木湖周围的山低矮，看起来像是丘陵，且此湖位于准噶（gá）尔盆地至伊犁河谷的必经之路上，相比之下，此说更为贴切。本书编者认为，瑶池或为一个不大的人工湖，极有可能是西王母的族人引流而成，供族人用水。在《穆天子传》中地理命名多与该地的特色有关，而西王母的邦国附近盛产玉石，因此可推测：瑶池或许就是用美丽的玉石做装饰的人造湖。

③ 谣：不用乐器伴奏的清唱。《尔雅·释乐》载："徒歌谓之谣。"徒歌，不用乐器伴奏，只吟唱。

④ 山隒（líng）自出：丘陵屹立于大地上。山隒，山陵，丘陵。

⑤ 道里悠远，山川间之：道路悠悠漫长，山河重重阻隔。道里，即道路。

⑥ 将（qiāng）子无死：希望你不要死去。将，祝愿、请求，用来表示礼貌和尊敬。

⑦ 尚能复来：但愿你还能再来。尚，希望，但愿。

⑧ 予归东土：我回到东方的国土。东土，相对于西域而言，

指中原一带的国土。

⑨ 和治诸夏：和平治理中原各国。诸夏，指周代分封的中原各诸侯国。

⑩ 万民平均：百姓人人都能平等。

⑪ 吾顾见汝：我便回来与你相见。顾，本义指回头看，此处指返回来。

⑫ 比及三年：等到三年。

⑬ 将复而野：将会回到这片田野。

⑭ 吟：声调抑扬地念。

⑮ 徂（cú）彼西土：来到这西方国土。徂，自西向东。

⑯ 爰居其野：移居在这里的原野上。

⑰ 於鹊与处：同乌鸦相处。於，同"乌"。

⑱ 嘉命不迁：天帝的敕命不能改变。嘉命，天帝的敕命。

⑲ 我惟帝女：我是天帝的女儿。

⑳ 吹笙鼓簧：吹动笙管，让簧片震动起来。笙，管乐器，笙中有簧片，吹笙而簧片鼓动而发音，大者十九簧，小者十三簧。

㉑ 中心翔翔：心中舒坦畅快。翔翔，舒坦畅快的样子。

㉒ 唯天之望：就像仰望上天，形容十分期盼。唯，语首助词，无实义。

㉓ 弇（yǎn）山：山名。在西王母邦境内，具体位置不详。

㉔ 纪名迹：也作"纪丌迹"。在石碑上著文铭刻事迹。

㉕ 树之槐：在石碑周围种上槐树。

㉖ 眉：题写匾额。

【译文】

　　八月十七日，周穆王在瑶池宴请西王母。西王母为周穆王清唱道："天上飘着悠悠白云，地上屹立稳稳山陵。道路悠悠漫长，山河重重阻隔。希望你不要死去，但愿你还能再来。"周穆王答道："我回到东方的国土，和平治理中原各国。百姓人人都能平等，我便回来与你相见。等到三年之后，将再回到此野。"西王母又为周穆王吟唱道："东来这方土地，移居这片原野。与虎豹为伍，同乌鸦相处。天命不能移改，我是天帝之女。为何世上人，将要离开您。吹起笙管簧片震动，我心悠然舒坦畅快。世人思念您，上天盼望您。"周穆王于是登上弇山，在石碑上铭刻其事迹，并在石碑周围种上槐树，题写"西王母之山"五字匾额。

西王母相关的神话传说

1. 图中描绘的是西王母与汉武帝的故事。在神话故事中,西王母拥有能使人长生不死的能力。《穆天子传》中记载,西王母曾为周天子谣曰:"将子无死。"《淮南子》又载:"羿请不死之药于西王母。"《汉武帝内传》中称西王母是容貌绝世的女神,还赐汉武帝三千年结一次果的蟠桃。不死之药由此具化成了蟠桃,此桃"大如鸭卵,形圆色青""桃味甘美,口有盈味""三千年一生实,中夏地薄,种之不生",又称"王母桃"。

2. 在民间传说中,王母娘娘和玉皇大帝是一对夫妻,但在正统道教神仙体系中,西王母比玉皇出现得早,她由先天阴气凝聚而成,是众女仙之首,玉皇大帝则为群仙之首,众神之主。

3. 在中国民间神话传说中,王母娘娘具有赐福、赐子及化险消灾等神力,后世道教徒在每年三月初三都会举行蟠桃盛会来庆祝其诞辰。

《瑶池献寿图》
(宋)刘松年 收藏于中国台北"故宫博物院"

《王母寿宴图》
（ ）佚名　收藏于中国台北"故宫博物院"

《王母祝寿图》
（明）杜堇　收藏于美国印第安纳波利斯艺术博物馆

《西王母与东方朔》
清代通景画

通景画又叫贴落画,是清代乾隆时期皇宫里最常使用的一种室内装饰画。东方朔,字曼倩,是西汉著名的文学家。他博学多才,言词敏捷,"时观察颜色,直言切谏"。班固的《汉武故事》中说他是太白金星下凡,"下游人中,以观天下",还说他曾三偷西王母的寿桃。

◀《瑶池献寿》

(清)金廷标 收藏于中国台北"故宫博物院"

在有关西王母的众多神话传说中,瑶池和蟠桃的故事流传甚广,对后世文学影响很大。吴承恩的《西游记》中,"孙悟空大闹蟠桃会"即为一例。

三

丁未①，天子饮于温山②。□考鸟③。己酉④，天子饮于溽水⑤之上。乃发宪命⑥，诏六师之人□其羽⑦。爰有□薮水泽⑧，爰有陵衍平陆⑨，硕鸟解羽⑩。六师之人毕至于旷原⑪。曰天子三月舍于旷原□⑫。天子大飨正公、诸侯。王勤七萃之士⑬于羽琌⑭之上，乃奏广乐。六师之人翔畋⑮于旷原，得获无疆⑯，鸟兽绝群⑰。六师之人大畋⑱九日，乃驻于羽陵之□⑲。收皮效物⑳，债车受载㉑。天子于是载羽百车㉒。

【注释】

① 丁未：十二月初一或九月三十日。距前"乙丑"已过一百零二日或四十二日。本书取十二月初一。

② 温山：山名。或因此山常年温暖而得名。一说温山位于天山北侧、靠近准噶尔盆地南缘。

③ □考鸟：此处阙文，无考。考鸟，疑为一种鸟的名字，具体不详。

④ 己酉：十二月初三。距前"丁未"已过二日。

⑤ 溽（rù）水：河流名。一说溽水为郭马尔河。一说溽水古名素叶水，今名楚河。一说溽水为库拉河。编者认为此河应在准噶尔盆地附近，具体不详。

⑥ 宪命：命令，指令。多指天子的命令。

⑦ □其羽：此处阙文。或为"集"，或为"解""猎"。指猎捕禽鸟，收集羽毛。

⑧ □薮（sǒu）水泽：此处阙文。应为"湖"之类的字，暂定为"湖"。薮，长有很多草的湖泽。

⑨ 陵衍平陆：绵延的丘陵，平缓的高地。陵，丘陵。衍，本指水流顺河道汇于海，引申为蔓延、扩展。平，平坦。陆，高而平的地方。

⑩ 硕鸟解羽：大鸟褪去羽毛而死。解，去除，解除。

⑪ 毕至于旷原：全部到达旷原。毕，全部。旷原，由阳纡（今内蒙古阴山）往西略北7000里（折合今里为4600至5800里），应为准噶尔盆地。

⑫ 旷原□：此处阙文。或为"之上"。

⑬ 大飨正公、诸侯。王勤七萃之士：也作"大飨正公、诸侯、王勒、七萃之士"。编者认为应为"大飨正公、诸侯、王吏、七萃之士"。

⑭ 羽琌（líng）：即羽陵，指羽毛堆起来形成的"小山"。或指地名。

⑮ 六师之人翔畋（tián）：也作"六师之人翔畋"。此处阙文，或为"命"，命令军队属大肆打猎。翔畋，大肆打猎。

⑯ 无疆：无数，无限，形容数量非常多。

⑰ 鸟兽绝群：不见成群的飞鸟走兽。

⑱ 大畋：大规模打猎，程度比"翔畋"小。

⑲ 羽陵之□：此处阙文，依上文，应为"上"。

⑳ 收皮效物：收集核验所获禽兽毛皮。效，同"校（jiào）"，检查核验。

㉑ 债车受载：借车承载。

㉒ 载羽百车：装载一百车羽毛。

【译文】

　　十二月初一，周穆王在温山宴饮，猎捕禽鸟。十二月初三，周穆王在溽水宴饮。他下令让军队猎捕禽鸟，并收集它们的羽毛。那里有沼泽、湖泊，有绵延的丘陵和平缓的高地，巨大的鸟儿在那里褪去羽毛而死。军队全部到达了旷原。周穆王在旷原上休整了三个月。周穆王还在羽陵大摆筵席，宴请正公、诸侯、穆王属官、禁军卫士，乐队演奏了盛大的乐曲。周穆王命军队在旷原上大肆围猎，擒获无数猎物，旷原上已经看不见成群的飞鸟走兽了。军队大规模围猎了九天后，驻扎在羽陵，收集核验所获的禽兽毛皮，借来车子装载所猎之物。周穆王在这里装载了一百车羽毛。

《四季花鸟图-冬》
（明）吕纪　收藏于日本东京博物院
图中的石头上站着两只锦鸡，其尾羽五彩斑斓，古时常用来制作成珍贵的雉尾扇，专门供贵族使用。

《芙蓉锦鸡图》

（宋）赵佶　收藏于北京故宫博物院

古人常将禽鸟的羽毛制成装饰品，其中锦鸡的羽毛十分稀有，周人就曾经把锦鸡当成凤凰来歌颂。

四

己亥①,天子东归,六师□起②。庚子③,至于□之山④而休,以待六师之人。庚辰⑤,天子东征。癸未⑥,至于戊□之山⑦,智氏之所处⑧。□智□往天子⑨于戊□之山,劳用白骖二疋⑩,野马野牛四十,守犬⑪七十。乃献食马四百,牛羊三千。曰智氏□⑫,天子北游于䉼子之泽⑬。智氏之夫⑭献酒百□⑮于天子,天子赐之狗瑰采⑯,黄金之婴二九,贝带四十,朱丹三百裹,桂姜百□⑰。乃膜拜而受⑱。

【注释】

① 己亥:三月二十五日。距前"己酉"已过一百一十日。

② 天子东归,六师起:周穆王向东返程,军队尚未出发。"六师"后的阙文应为"未"。由下文"以待六师之人"可知,军队部属还未动身。

③ 庚子:三月二十六日。距前"己亥"已过一日。

④ □之山:山名。此处阙文,具体不详。

⑤ 庚辰:五月初七。距前"庚子"已过四十日。

⑥ 癸未:五月初十。距前"庚辰"已过三日。

⑦ 戊□之山:山名。此处阙文,具体不详。一说此山离

旷原并不远，大约在今新疆巴里坤或哈密附近。此说可参考。

⑧ 智氏之所处：智氏部族所居住的地方。智氏，西域部族名。

⑨ □智□往天子：智氏部族之人前去迎接周穆王。"智"前阙文疑为"乃""曰"，或衍。"智"后阙文应为"氏"字。往，前往迎接。

⑩ 劳用白骖（cān）二疋（pǐ）：用两匹白马慰劳周穆王。骖，古代驾在车前两侧的马。疋，同"匹"。

⑪ 守犬：即狩犬，经过训练的猎犬。

⑫ 智氏□：此处阙文。可能为"导"字，与下文连读。

⑬ 𪏽（xī）子之泽：湖泊名。𪏽，古"师"字，狮子之意。此处应为狮子经常栖息的地方。

⑭ 智氏之夫：即智氏之人。

⑮ 献酒百□：此处阙文，定为"斛"字，进献一百斛美酒。

⑯ 狗珺采：一种器物，或为一种玉器。

⑰ 桂姜百□：此处阙文。本书卷四有载"桂姜百嵩"，应相同，为一种容器。桂姜，肉桂和生姜。肉桂，一种调味品，也可作中药。

⑱ 乃膜拜而受：此句前可能脱"智氏"二字。

【译文】

三月二十五日，周穆王向东返程，军队尚未出发。三月二十六日，周穆王到达□山后，就地休息等待军队到来。

五月初七，周穆王向东巡行。五月初十，到达戊□山，那里是智氏部族居住的地方。智氏部族的人前去戊□山迎接周穆王，用两匹白马、四十头野牛、四十匹野马、七十只猎犬慰劳周穆王。之后又献出四百匹可以食用的马、三千头牛和羊，还进献了一百斛美酒。周穆王赏赐他们狗珥采美玉、十八个用黄金制成的罍缶、四十条用贝壳装饰的红色绶带、三百袋朱砂、一百个肉桂和生姜。智氏部族的人合掌加额，伏地长跪两拜后收下了赏赐。

战国错金青铜编钟

青铜编钟盛行于西周晚期，常与编磬（qìng）等配合，用于宴饮或者祭祀场合。《周礼》中"天子宫县，诸侯轩县，卿大夫判县，士特县"说的就是编钟悬挂的位置，即天子悬挂四面，诸侯悬挂三面，卿大夫是两面，士则只有一面。

西周逨钟
收藏于中国国家博物馆

西周时期的打击乐器，单独悬挂的叫特钟，形制花纹相同且大小依次排开的叫编钟，常用于祭祀活动中。

春秋秦公钟
收藏于宝鸡青铜器博物院

秦公钟沿袭了西周后期的编钟风格，上面所刻的铭文提到了秦襄公受周王室的册封而被"赏宅受国"之事。

五

　　乙酉①，天子南征，东还②。己丑③，至于献水④，乃遂东征。饮而行，乃遂东南。己亥⑤，至于瓜纑之山⑥。三周若城⑦，阏氏、胡氏之所保⑧。天子乃遂东征，南绝沙衍⑨。辛丑⑩，天子渴于沙衍，求饮未至⑪。七萃之士曰高奔戎⑫，刺其左骖之颈⑬，取其清血⑭以饮天子。天子美之⑮，乃赐奔戎佩玉一只，奔戎再拜稽首⑯。天子乃遂南征。

【注释】

① 乙酉：五月十二日。距前"癸未"已过二日。

② 东还：向东迁回前进。

③ 己丑：五月十六日。距前"乙酉"已过四日。

④ 献水：水名。大概在今新疆甘肃交界处。

⑤ 己亥：五月二十六日。距前"己丑"已过十日。

⑥ 瓜纑之山：山名。具体位置不详。

⑦ 三周若城：三重的瓜纑之山如城墙一般。

⑧ 阏（è）氏、胡氏之所保：阏氏部族和胡氏部族所守护的地方。阏氏、胡氏皆为西域部族名。保，保护，守护。

⑨ 沙衍：向南穿越沙漠。衍，本指水流顺河道汇于海，

引申指蔓延、扩展,此处指蔓延开去的沙子,即沙漠。该处沙漠一说为今西起甘肃与内蒙西北角,东至河套西侧,南至甘肃、宁夏古长城北界,北至阿拉善高原的大片沙漠(即巴丹吉林沙漠与腾格里沙漠)。编者认为应是甘肃马鬃山、内蒙古石板井附近的沙漠。

⑩ 辛丑:五月二十八日。距前"己亥"已过二日。

⑪ 求饮未至:没有找到可以饮用的水。

⑫ 高奔戎:人名。

⑬ 刺其左骖之颈:用刀刺车前左边马的脖子。

⑭ 清血:也作"青血",即黑血。

⑮ 美之:认为马血甘美。

⑯ 䭫(qǐ)首:䭫,同"稽"。叩头于地上,是古人最恭敬的礼节。

【译文】

五月十二日,周穆王向南巡行,又向东迂回前进。五月十六日,到达献水,后又向东巡行。周穆王一边饮酒一边前进,又转东南前行。五月二十六日,到达瓜纑山。三重的瓜纑之山如城墙一般,是阏氏部族和胡氏部族守护的地方。周穆王又向东巡行,向南穿越沙漠。五月二十八日,周穆王在沙漠中感到十分口渴,但没有找到可以饮用的水。周穆王的禁军侍卫高奔戎,用刀刺车前左边马的脖子,接取黑色的马血给周穆王喝。周穆王认为马血甘美,于是赏赐给高奔戎一对玉佩。高奔戎叩头于地上,拜了两次。周穆王又继续向南巡行。

沙漠之舟——骆驼

在沙漠中，人们依靠骆驼来长途跋涉。骆驼在古代被称为橐（tuó）驼，出自《尔雅》："橐，橐也；驼，负荷也。今云骆驼，盖橐音之转。"

《番骑图》（局部） ▶

（元）佚名　收藏于北京故宫博物院

画中描绘的是蒙古人出行狩猎的场景。因沙漠中风急天寒，人们纷纷用袖子遮挡面部，就连骆驼也步履维艰。

◀ **《寒驼残雪图》轴**

（清）华嵒　收藏于北京故宫博物院

周穆王为了抵达西王母之邦，穿过雁门关后，沿着河套地区一直西行，穿越了我国的西北草原和荒漠地区，历经两个月才冲出沙漠。

善騎蕃
義數神
憬起脫
真居上
攢乃吳
結彀蘇
人寒貢
乘馬稻
彉獒
強勝驢

六

甲辰①,至于积山之遴②,爰有蓁柏③。曰鄏余之人④命怀⑤献酒于天子。天子赐之黄金之婴、贝带、朱丹七十裹。命怀乃膜拜而受。乙巳⑥,□诸钎⑦献酒于天子,天子赐之黄金之婴、贝带、朱丹七十裹。诸钎乃膜拜而受。

【注释】

① 甲辰:六月初二。距前"辛丑"已过二日。

② 积山之遴:积山的边上。积山,山名,此山应在甘肃境内。

③ 蓁柏:即蔓柏,一种匍匐灌木,成片生长于沙地,多见于内蒙古、宁夏、甘肃、青海、新疆等地。

④ 鄏余之人:即寿余之人。

⑤ 命怀:人名,寿余部族首领。此前该部族首领为居虑。

⑥ 乙巳:六月初三。距前"甲辰"已过一日。

⑦ □诸钎(jiān):此处阙文,应为周穆王至于某地,未可详知。依《穆天子传》文例,补阙文作"天子至于□,□之人"。诸钎,部族首领名。

古代帝王沉迷歌舞玩乐的事迹

随着周王室的衰落,礼乐制度已经逐步崩坏。在儒家的乐舞学说中,乐舞能够陶冶人的情操,提高人们的内心修养。而道家则认为乐舞会使人迷失本性,导致统治者沉迷声色,荒废政事。

宠幸伶人

选自《帝鉴图说》法文外销画绘本 (明)佚名 收藏于法国国家图书馆

后唐庄宗李存勖(xù)精通音律,尤宠伶人。图中李存勖正与伶人在庭院中载歌载舞。

【译文】

六月初二，周穆王到达积山边缘，那里生长着蔓柏。寿余的部族首领命怀向周穆王献酒。周穆王赏赐了他用黄金制成的罍缶，用贝壳装饰的红色绶带和七十袋朱砂。命怀合掌加额，伏地长跪两拜后，收下了这些赏赐之物。

便殿击球
选自《帝鉴图说》法文外销画绘本 （明）佚名 收藏于法国国家图书馆

唐敬宗即位后，荒废朝政，整日游乐嬉闹。图中描绘的就是唐敬宗和宦官们一起打球，一旁的乐工奏乐助兴的画面。

◀ **玉树新声**

选自《帝鉴图说》法文外销画绘本
（明）佚名　收藏于法国国家图书馆

陈后主陈叔宝是南朝陈的末代皇帝，他在位期间荒废朝政，沉迷诗文和音乐，还亲自创作了《玉树后庭花》等诗歌。589年，隋兵攻入建康（今南京），陈后主被俘，所以《玉树后庭花》也被称为"亡国之音"。史料记载，陈后主每次宴饮时，都会让宫中嫔妃、女学士、狎客等据相和（hè）为诗，然后让人谱成歌曲演唱。

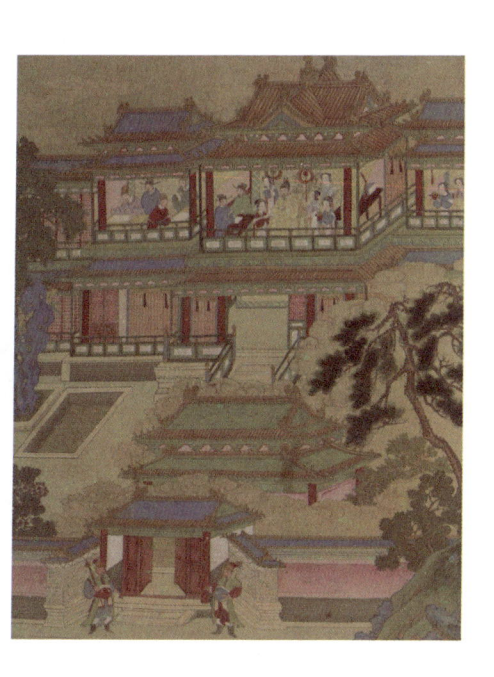

华林纵逸 ▶

选自《帝鉴图说》法文外销画绘本
（明）佚名　收藏于法国国家图书馆

齐后主高纬在华林园建造了一个贫穷的村庄，自己在里面扮作乞丐来弹琵琶行乞，自得其乐。高纬所弹之曲非常哀伤，却偏偏起名为《无愁曲》，所以民间称他为"无愁天子"。

卷四

穆天子传

导读

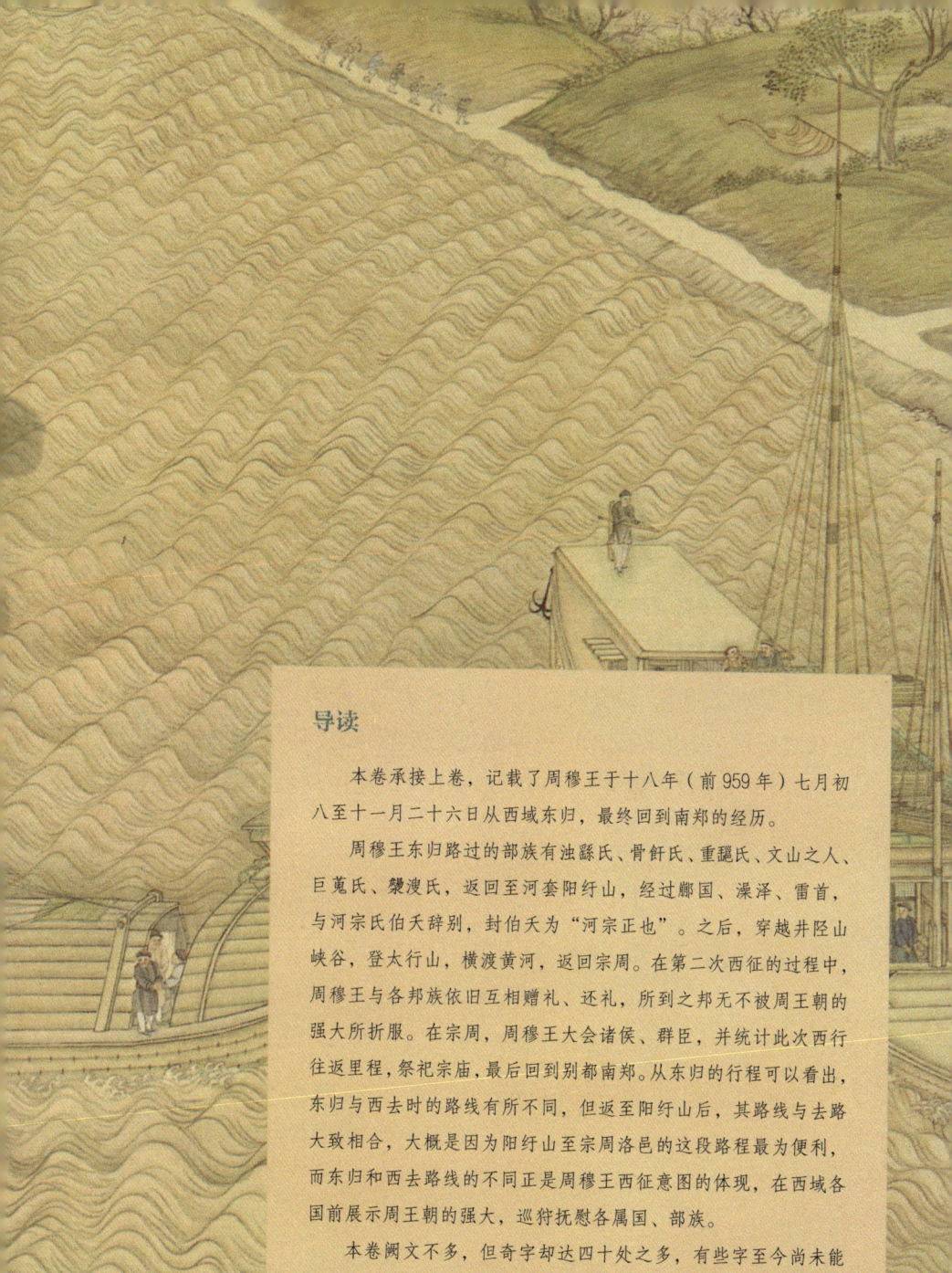

本卷承接上卷，记载了周穆王于十八年（前959年）七月初八至十一月二十六日从西域东归，最终回到南郑的经历。

周穆王东归路过的部族有浊繇氏、骨飦氏、重氏、文山之人、巨蒐氏、㸑溲氏，返回至河套阳纡山，经过䣙国、澡泽、雷首，与河宗氏伯夭辞别，封伯夭为"河宗正也"。之后，穿越井陉山峡谷，登太行山，横渡黄河，返回宗周。在第二次西征的过程中，周穆王与各邦族依旧互相赠礼、还礼，所到之邦无不被周王朝的强大所折服。在宗周，周穆王大会诸侯、群臣，并统计此次西行往返里程，祭祀宗庙，最后回到别都南郑。从东归的行程可以看出，东归与西去时的路线有所不同，但返至阳纡山后，其路线与去路大致相合，大概是因为阳纡山至宗周洛邑的这段路程最为便利，而东归和西去路线的不同正是周穆王西征意图的体现，在西域各国前展示周王朝的强大，巡狩抚慰各属国、部族。

本卷阙文不多，但奇字却达四十处之多，有些字至今尚未能考识出读音与字义，不敢臆测，只能照录其文。因保持古文字的原貌，对于后人考识文字大有裨益。

一

　　庚辰①，至于滔水②。浊繇氏之所食③。辛巳④，天子东征。癸未⑤，至于苏谷⑥。骨飦氏之所衣被⑦。乃遂南征，东还。丙戌⑧，至于长沙⑨，重䵻氏之西疆⑩。丁亥⑪，天子升于长沙，乃遂东征。庚寅⑫，至于重䵻氏黑水之阿⑬。爰有野麦⑭，爰有苔堇⑮，西膜之所谓木禾⑯，重䵻氏之所食。爰有采石之山⑰，重䵻氏之所守。曰枝斯⑱、璇瑰⑲、玫瑶⑳、琅玕㉑、玲珑㉒、无瓃㉓、玗琪㉔、徽尾㉕，凡好石之器于是出㉖。

【注释】

① 庚辰：七月初八。距前"乙巳"已过三十五日。

② 滔水：河流名。有多种说法，均有其道理。编者认为，滔水应位于甘肃境内，但具体位置不详。

③ 浊繇（yáo）氏之所食：此句前疑有脱文，或为"爰有□□"，"□□"为一种作物，是浊繇氏部族的主要食物。浊繇氏，部族名，亦作诸繇、居繇、属繇，或为尧、舜的臣子咎繇的后代。

④ 辛巳：七月初九。距前"庚辰"已过二日。

⑤ 癸未：七月十一日。距前"辛巳"已过二日。

⑥ 苏谷：地名。应在甘肃西部，具体位置不详。苏谷因

盛产"苏"而得名。依下句"之所衣被"，可猜测"苏"为一种麻类纤维植物。

⑦ 骨饦（zhān）氏之所衣被：此句前疑有脱文，或为"爰有□□"，"□□"为"苏"的别称。骨饦氏，部族名。所衣被，用来作衣服。

⑧ 丙戌：七月十四日。距前"癸未"已过三日。

⑨ 长淡（tàn）：山名。一说在甘肃居延。

⑩ 重氏之西疆：重氏部族西边的疆界。重氏，部族名或在甘肃敦煌一带。

⑪ 丁亥：七月十五日。距前"丙戌"已过一日。

⑫ 庚寅：七月十八日。距前"丁亥"已过三日。

⑬ 黑水之阿：黑水河的岸边。本书卷二有载"天子乃封长肱于黑水之西河"，详见卷二（六）注④。此处应为黑水河的下游。

⑭ 野麦：野生的麦子。

⑮ 苢菫：像高梁、玉米之类的作物，长得比较高大。

⑯ 木禾：西域人对"苢菫"的别称。

⑰ 采石之山：山名。即彩石山，因其山所出宝石色彩绚丽而名。具体位置不详。一说为画石山，在今甘肃宁夏；一说为赤沙山，在今新疆阿克苏北。编者认为第一说可参。

⑱ 枝斯：玉石名，一种蓝宝石。《石雅》以枝斯为瑟瑟，即蓝宝石。

⑲ 璇瑰：玉石名，一种玛瑙。《石雅》以璇瑰为玛瑙，即赤宝石。

⑳ 珢（mò）瑶：玉石名。《石雅》以珢为碧玉。

㉑ 琅玕（láng gān）：玉石名。《石雅》以琅玕为绿松石珠。

㉒ 玲珵（qián zhì）：玉石名。

㉓ 珷瓂：玉石名。音义皆无考。

㉔ 玗琪：玉石名。《石雅》以为赤石，亦称锦州石。

㉕ 㺿尾：宝石名。同"璓尾"。

㉖ 于是出：在这里出产。

【译文】

　　七月初八，周穆王到达滔水。那里长着一种作物是浊繇氏部族的主要食物。七月初九，周穆王向东巡行。七月十一日，周穆王到达苏谷，这里长着一种麻类纤维植物，骨飦氏将其用来做衣服。周穆王又向南巡行，迂回向东前进。七月十四日，周穆王到达长㳄山，这里是重䱾氏部族西边的疆界。七月十五日，周穆王登上长㳄山，又向东巡行。七月十八日，周穆王到达重䱾氏部族境内的黑水河岸边。那里有野生的麦子、苔菫等作物，西域人也把苔菫称为木禾，它们都是重䱾氏部族的主要食物。那里还有彩石山，是重䱾氏部族守护的地方。那里的玉石有枝斯、瑻瑰、珢瑶、琅玕、玲珵、珷瓂、玗琪、㺿尾，凡是优质的玉石均产自这里。

玉璧

玉璧是一种中间有孔的扁平状圆形玉器，为"六瑞"之一。最早产生于新石器时代，在商周时期是贵族专用的礼器，战国至两汉是玉璧的鼎盛时期。玉璧上多雕琢精美的花纹，玉质以白、青、碧玉为主。

战国双身兽纹玉璧
收藏于美国纽约大都会艺术博物馆
内圆环为蒲涡纹，外圆环为双身兽面纹。

新石器时代良渚文化玉璧
直径21.3厘米。

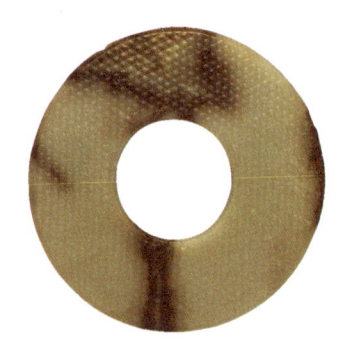

战国蒲纹璧
收藏于美国纽约大都会艺术博物馆
双面为蒲纹，内刻"双龙乾卦"印与回纹。

新石器时代齐家文化玉璧
收藏于中国台北"故宫博物院"
圆璧形。表面盘红包白青玉料，表面受沁后盘红。

二

孟秋癸巳①，天子命重骚氏共食天子之属②。五日丁酉③，天子升于采石之山，于是取采石④焉。天子使重骚之民铸以成器⑤于黑水之上，器服物佩好无疆⑥。曰天子一月休⑦。秋癸亥⑧，天子觞重骚之人㭉䣝⑨，乃赐之黄金之婴二九，银乌一只⑩，贝带五十，朱七百裹，笴箭⑪、桂姜百崑⑫，丝绳雕官⑬。㭉䣝乃膜拜而受。乙丑⑭，天子东征。㭉䣝送天子至于长沙之山⑮，□只⑯。天子使伯夭受之。伯夭曰："重骚氏之先⑰，三苗氏之□处⑱。"以黄木䪥银采⑲。㭉䣝乃膜拜而受。

【注释】

① 癸巳：七月二十一日。距前"庚寅"已过三日。

② 共食天子之属：向周穆王的部属提供食物。共，通"供"，提供。

③ 五日丁酉：第五天七月二十五日。

④ 于是取采石：在这里取彩色的玉石。

⑤ 铸以成器：将彩石熔化，铸造成器物。现有文献并无记载我国在西周时期已具备制造玻璃器物的技术，《穆天子传》是目前唯一记载此事的古书，是先秦时期有关原始玻璃制造的唯一文献证据。关于西周时期是否

可以制作出玻璃器物，有人持怀疑态度。不过近年来，在陕西、河南、山东、湖南等地，出土了大量西周至战国时期的原始玻璃制品，主要以圆珠、管珠等装饰品为主，这与《穆天子传》所载的"服物佩好"刚好契合。出土的这些玻璃制品因杂质较多，呈绿黄、紫等半透明彩色，且易风化。

⑥ 器服物佩好无疆：器物与祭服上用玉石制成的玩物与佩饰无比精美。器服，指器物与祭服。物佩，玩物与佩饰。好无疆，无比精美。

⑦ 一月休：休息一个月。

⑧ 秋癸亥：疑"秋"前脱字"仲"。仲秋八月二十一日。仲秋，秋季的第二个月。

⑨ 䣙䣙：人名。重䣙氏部族首领。音义不详。

⑩ 银乌一只：一个用白银制成的酒器。银乌，银制乌形器物，多用于装酒。只，数量词，一个。

⑪ 筥箭：筥，为古文"笋"字，与"箭"同指竹笋。

⑫ 桂姜百□：此处阙文。根据前文信息应为一种容器。

⑬ 丝绲雕官：系有丝织流苏的刻有图案的管状乐器。

⑭ 乙丑：八月二十三日。距前"癸亥"已过二日。

⑮ 长沙之山：山名。或为绵延的漫长沙丘。一说长沙之山为沙山，在新疆哈喇沙尔（即焉耆）之南；一说长沙之山在新疆巴尔库山之南麓，其山岭东头迤南，即今哈密县城。《山海经·西山经》载："长沙之山，泚水出焉，北流注于泑水。"

⑯ □只：此处阙文。或为䣙䣙，为西域部族为周穆王送

行时进献的玉石之类的礼物，数量或达几百对。

⑰ 先：祖先。

⑱ 三苗氏之□处：此处阙文，或为"裔"之类的字。三苗氏的后代。三苗氏，尧舜时期的部族名。《尚书·舜典》载"窜三苗于三危"，即三苗氏被尧流放于敦煌的三危山。由此可知，周穆王此时仍在甘肃境内。处，居处，居住。

⑲ 以黄木鼷银采：一种镀银的黄木彩绘漆器。

【译文】

　　七月二十一日，周穆王命重䴊氏部族为他的随行部属准备食物。五天后是七月二十五日，周穆王登上彩石山，在那里取了彩色的玉石。周穆王让重䴊氏部族的人在黑水河将彩石熔化，铸成器物。这些用彩石山上的玉石制作成的玩物、佩饰，挂在器物与祭服上，无比精美。周穆王在这里休息了一个月。仲秋八月二十一日，周穆王宴请重䴊氏部族的首领䣛䣛，赐给他十八件用黄金制成的罂缶，一个用白银制成的酒器，五十条用贝壳装饰的红色绶带，七百袋朱砂，一百篓竹笋、肉桂、生姜，还有系有丝织流苏的刻有图案的管状乐器。儽䍃于是合掌加额，伏地长跪两拜后收下了这些赏赐。八月二十三日，周穆王向东巡行。儽䍃恭送周穆王到达长沙之山，并进献几百对玉器作为礼物。周穆王让伯夭收下了这些礼物。伯夭说："重瑆氏的祖先，三苗氏的后代曾在这里居住。"于是周穆王又赏赐给儽䍃黄木彩绘镀银的漆器。儽䍃再次合掌加额，伏地长跪两拜后收下了这些赏赐。

玉佩

玉佩是系在衣带上的腰饰，图案造型多为人物、鸟兽等，包含了吉祥如意、长寿多福、家庭兴旺等寓意。西周时期，玉佩在冠服制中有举足轻重的地位，在佩戴玉佩的尺寸上也有严格规定。

战国透雕夔龙黄玉佩

错国陪葬墓出土

双龙鸟纹玉佩
收藏于中国台北"故宫博物院"

战国绞丝龙形玉佩
高 7.9 厘米。

三

丙寅①，天子东征，南还②。己巳③，至于文山④，西膜⑤之所谓囗⑥。觞天子于文山。西膜之人⑦乃献食马三百，牛羊二千，穄米千车，天子使毕矩⑧受之。曰囗⑨天子三日游于文山，于是取采石⑩。壬寅⑪，天子饮于文山之下。文山之人归遗⑫，乃献良马十驷⑬，用牛三百，守狗⑭九十，牦牛二百⑮。天子之豪马⑯、豪牛⑰、尨狗⑱、豪羊⑲，以三十祭文山。又赐之黄金之婴二九，贝带三十，朱三百裹，桂姜百嵗。归遗乃膜拜而受。

【注释】

① 丙寅：八月二十四日。距前"乙丑"已过一日。

② 南还：转南向前进。

③ 己巳：八月二十七日。距前"丙寅"已过三日。

④ 文山：山名。大概在甘肃北部，具体位置不详。

⑤ 西膜：西膜人。膜，通"漠"，即西边广阔的大漠。

⑥ 囗：西膜人将其称为"囗"。此处阙文，不可考。

⑦ 西膜之人：专指居住文山的一个自新疆大漠而来的部族。该部族与文山之人各居文山一侧。

女娲补天图

选自《钦定补绘离骚全图》册 （清）萧云从\原作 （清）门应兆\补绘 收藏于中国台北"故宫博物院"

《淮南子》中记载，远古时代曾发生过天塌地陷的灾难。那时，四根擎天柱轰然倒塌，火灾蔓延，洪水泛滥，很多百姓也被凶猛的野兽吃掉。女娲不忍生灵涂炭，于是冶炼五色石修补天空，又砍断巨鳌的脚来代替擎天柱，大地才逐渐恢复生机。

⑧ 毕矩：人名，始祖为毕公高。毕公高是周文王第十五子，周武王姬发异母弟，周武王灭商朝后，受封毕地（在今陕西咸阳，一说在今陕西西安）。

⑨ □：此处阙文。按《穆天子传》文例，此处或衍，应删除。

⑩ 采石：彩色的玉石，色彩绚丽的宝石。

⑪ 壬寅：八月三十日。距前"己巳"已过三日。

⑫ 归遗：人名，文山之人的首领。

⑬ 良马十驷：四十匹驾车的好马。驾车的马每四匹为驷，故十驷为四十匹。

⑭ 守狗：驯化的狗。

⑮ 牝牛二百：两百头单峰骆驼。"牝牛二百"有的也作"以行流沙"，洪颐煊校本认为"以行流沙"属于注文混入，应删去。但编者认为此句有存在的可能，如果"以行流沙"不是注文，可知周穆王已再次进入沙漠，此时周穆王或在巴丹吉林沙漠、腾格里沙漠以西。

⑯ 天子之豪马：周穆王赏赐归遗旄马。豪马，旄（máo）马，一种神话传说中的怪兽，其状像马，但四条腿的关节上都有长毛。

⑰ 豪牛：旄牛，外形与全身长着长毛的牦牛相似。

⑱ 尨（máng）狗：长毛狗。疑为獒犬。《说文》载："尨，犬之多毛者。"

⑲ 豪羊：长着长毛的羊。

甄士隐梦幻识通灵

选自《清孙温绘全本红楼梦》册
（清）孙温　收藏于旅顺博物馆

在《红楼梦》中，贾宝玉刚出生时，口中含有一块"通灵宝玉"。相传此玉就是女娲补天后剩下的一块补天石。作者曹雪芹在《红楼梦》中描写了通灵宝玉的外形，"只见大如雀卵，灿若明霞，莹润如酥，五色花纹缠护"。

【译文】

　　八月二十四日，周穆王向东巡行，又转南向前进。八月二十七日，到达了文山，西膜人称其为□。西膜人在文山宴请周穆王，并进献了三百匹可以食用的马，两千头牛羊，一千车糜子。周穆王让毕矩收下了这些献礼。周穆王在文山游览了三天，还取了彩色的玉石。八月三十日，周穆王在文山脚下饮酒。文山人的首领归遗献上了四十匹可驾车的好马，三百头可供役的牛，九十只驯化的狗，二百匹单峰骆驼，以备穿越沙漠时使用。周穆王赏赐给他长着长毛的马、牛、狗、羊，并用其中的三十只来祭祀文山，之后又赏赐归遗十八件用黄金制成的罂缶，三十条用贝壳装饰的红色绶带，三百袋朱砂，一百崴肉桂和生姜。归遗合掌加额，伏地长跪两拜后，收下了这些赏赐。

四

　　癸酉①，天子命驾八骏之乘②。右服③䮗骝④而左绿耳，右骖⑤赤蘬⑥而左白儀⑦。天子主车⑧，造父为御⑨，䎡䎡为右⑩。次车之乘⑪，右服渠黄而左逾轮，右骖盗骊而左山子。伯夭主车，䍛百⑫为御，奔戎为右。天子乃遂东南翔行⑬，驰驱千里，至于巨蒐氏。巨蒐之人䎡奴⑭，乃献白鹄之血[15]，以饮天子。因具牛羊之湩[16]，以洗天子之足，及二乘之人[17]。甲戌[18]，巨蒐之人䚿奴，觞天子于焚留之山[19]。乃献马三百，牛羊五千，秋麦[20]千车，膜稷[21]三十车。天子使伯夭受之。好献枝斯之英[22]四十，㑴韶[23]、髳鼳[24]、玭佩[25]百只，琅玕四十，㸰㲙十箧[26]，天子使造父受之。□[27]乃赐之银木鵀采[28]，黄金之罂二九，贝带四十，朱三百裹，桂姜百岚。䚿奴乃膜拜而受。

【注释】

① 癸酉：九月初一。距前"壬申"已过一日。

② 八骏之乘：由八匹骏马拉车。

③ 右服：右边的辕马。服，指架在车中间的马。古代一车四马中，中间的两匹马称为"服"。辕马，最靠近前轮的马。

④ 騧騮：马名。

⑤ 右骖：右侧的边马。古代一车四马中，旁侧的两匹马称为"骖"。

⑥ 赤骥：马名。

⑦ 白俄：马名。

⑧ 主车：主乘。古代乘车以左侧为尊，主乘即车乘左侧的位置。

⑨ 御：驾驭，驭手。

⑩ 菌菌（tài bǐng）为右：菌菌作为车右。车右，又称骖乘，在驭手右侧的武士，作为陪驾来保护乘车人。

⑪ 次车之乘：即副车，周穆王的从车。

⑫ 桑百：人名，周穆王的四名驭手之一。

⑬ 翔行：像飞翔一样行驶，形容车速非常快。

⑭ 至于巨蒐（qú sōu）氏。巨蒐之人䴗奴：有作"至于巨蒐之人䴗奴"，疑有脱文，已补文。巨蒐氏，古代部族名。诸家皆认为此巨蒐为《禹贡》中记载的"渠搜"古国。有说法认为"其地距阳纡之东尾仅一日程，可知其必在今阴山东麓之北至多百里左右处"。此说可参。䴗奴，人名，巨蒐氏族首领。

⑮ 白鹄（hú）之血：白鹤的血。

⑯ 湩（dòng）：乳汁。

⑰ 二乘之人：主车及副车上的人。

⑱ 甲戌：九月初二。距前"癸酉"已过一日。周穆王一日之内便行驶了一千里路，由此可知当时的里程比如今要短。

⑲ 焚留之山：山名。一说为今马鬃山；一说在今内蒙古乌拉特中旗至前旗一带。编者认为第二说可参。

⑳ 秋麦：秋天收获的麦子。北方寒冷之地的麦子只能在秋天成熟一次。

㉑ 膜稷：即西域之粟，与中原之稷有品种上的差异。

㉒ 枝斯之英：一种蓝色宝石，也作"枝斯之石"，即蓝宝石的原石。译文从"枝斯之石"。

㉓ 𩧂𩧪：音译不详，玉石名。

㉔ 㬎𩧪：音译不详，玉石名。

㉕ 珌（bì）佩：佩刀上的玉饰。珌，刀鞘末端的装饰物。

㉖ 箧（qiè）：小型竹箱。

㉗ □：此处阙文。或为"天子"，或衍。

㉘ 银木䩞采：一种镀银的彩绘漆器。

【译文】

　　九月初一，周穆王下令用八匹骏马驾车。右边的辕马名为华骝，左边的辕马名为绿耳；右边的边马名为赤骥，车左骖马名为白义。周穆王坐在主乘的位置上，造父坐在中间当驭手，䝙固作为车右负责护卫。副车上，右边的辕马名为渠黄，左边的辕马名为逾轮；右边的边马名为盗骊，左边的边马名为山子。伯夭坐在主乘的位置上，䍧百坐在中间当驭手，高奔戎作为车右保护伯夭。周穆王便向东南飞速行驶，赶了一千里路，到达了巨蒐氏境内。巨蒐氏的首领䚽奴进献白鹤的鲜血，请周穆王饮用。又准备了牛羊的乳汁，请周穆王洗脚，主、副两车的人都是如此。九月初二，巨蒐氏的首领䚽奴在焚留山宴请周穆王。䚽奴进献了三百匹可以食用的马，五千头牛羊，一千车秋麦，三十车西域粟米。周穆王让伯夭收下了这些献礼。䚽奴为示结好之意，又进献了四十对蓝宝石的原石，一百对倗䚡、劈䚡、玭佩等玉器饰物，四十对琅玕玉珠。周穆王让伯夭收下了这些礼物。周穆王赏赐䚽奴十八件镀银的彩绘漆器，十八个用黄金制成的罂缶，四十条用贝壳装饰的红色绶带，三百袋朱砂，一百岗肉桂和生姜。䚽奴合掌加额，伏地长跪两拜后，收下了这些赏赐。

古代战争中的马

早在夏朝,马就开始用于军事领域,由马匹牵引战车,冲锋陷阵。到了商周时期,骑兵开始登上历史舞台。

东汉铜骑吏
收藏于甘肃博物馆
由骑吏、马和鞍组成。

西汉铜奔马
收藏于甘肃博物馆
又称"马踏飞燕"。

东汉铜车马仪仗队
收藏于甘肃博物馆

伏羲和女娲

伏羲和女娲都是古代的神话人物，分别是创世神和创世女神。《春秋世谱》中记载，"华胥生男名伏羲，生女名女娲"，所以在神话传说中伏羲和女娲是兄妹。

伏羲女娲图
佚名　收藏于美国纽约大都会艺术博物馆

《独异志》中记载道，天地初开时，原本没有人类，于是伏羲和女娲向上天请示："天若遣我兄妹二人为夫妇，而烟悉合，若不，使烟散。"最后两人得到了上天的指示，结为了夫妇，创造了人类。

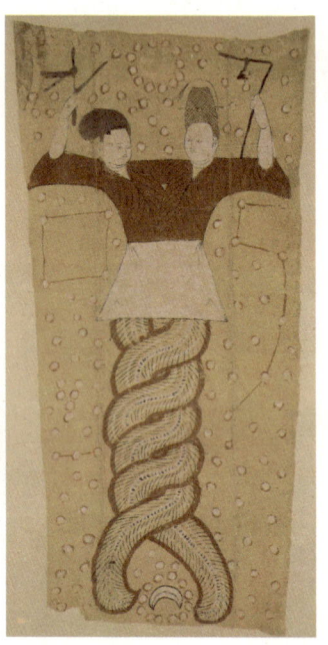

伏羲女娲图
（唐）佚名　收藏于北京故宫博物院

一说，上古时期出现了一场洪灾，人类几乎灭绝。伏羲和女娲为了延续人类，于是采用从山上往下滚石磨的方法占婚，最后滚到山下的两盘石磨在山下竟真相合了，于是两人便成婚了。

伏羲女娲图
（唐）佚名　收藏于北京故宫博物院

在神话故事中，还有"女娲造人"之说。相传，女娲先人类而生，她按照自己的形象，用黄泥捏出了人形。为了使人类得以延续，女娲将捏出的人分为男人和女人，让他们繁衍后代。

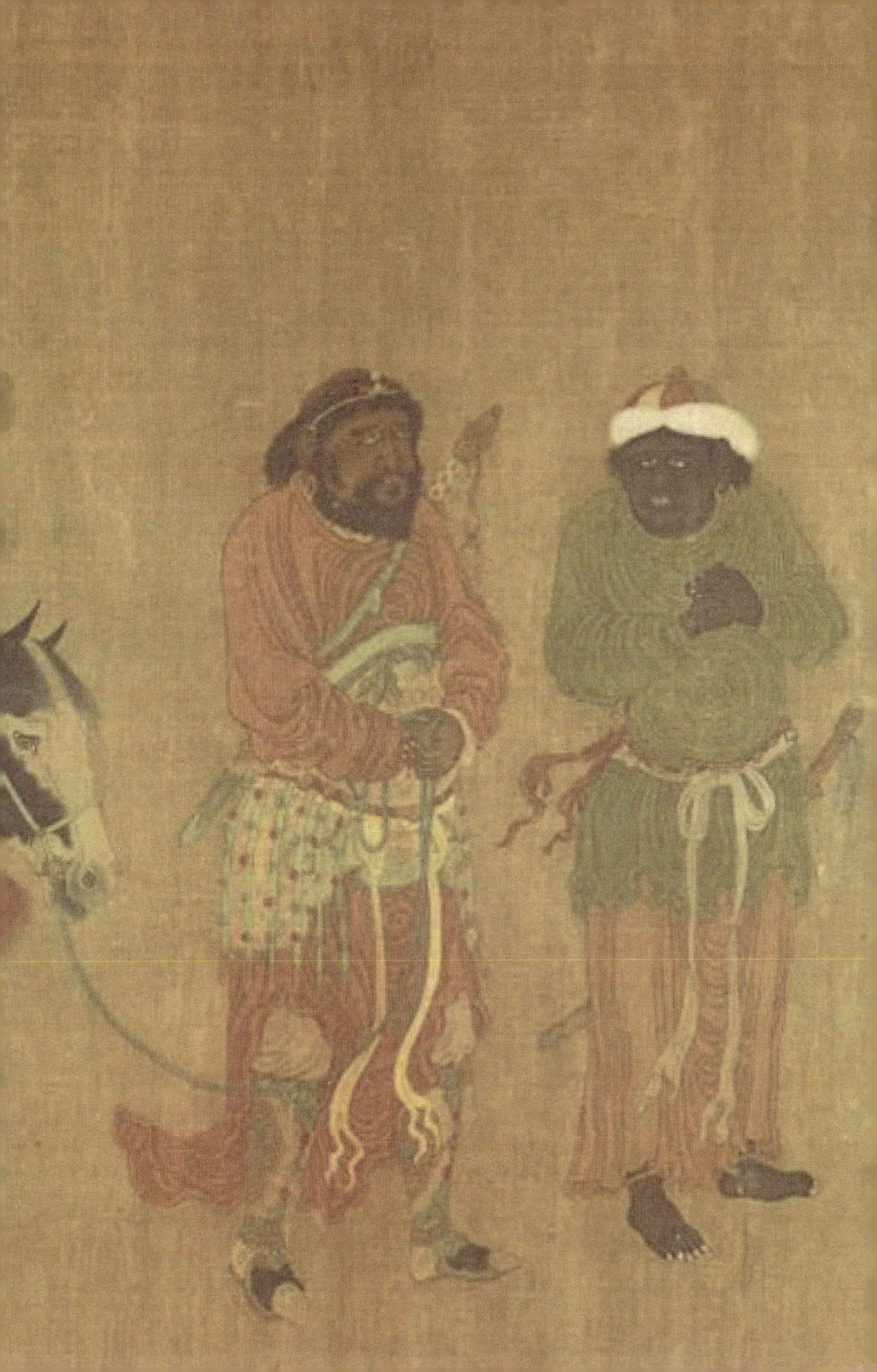

五

乙亥①，天子南征阳纡之东尾②。乃遂绝鹯䶮之谷③。辛巳④，至于䴢㻬⑤，河之水北阿⑥。爰有䝤溲之□⑦，河伯之孙，事皇天子之山⑧。有模堇⑨，其叶是食明后⑩。天子嘉之，赐以佩玉一只。伯夭再拜稽首。

【注释】

① 乙亥：九月初三。距前"甲戌"已过一日。

② 阳纡之东尾：阳纡山的东头。阳纡，又名"阳山"，即今河套地区的阴山。

③ 鹯䶮之谷：山谷名。具体位置不详。

④ 辛巳：九月初九。距前"乙亥"已过六日。

⑤ 䴢㻬：地名，位于黄河北岸。一说为水名，在阴山南边。

⑥ 河之水北阿：黄河北岸。

⑦ 䝤溲之□：或为部族名。阙文或为"人""邦"。䝤，音义不详。该部族离河宗氏部族不远。

《贡马图》卷
（元）任仁发　收藏于中国台北"故宫博物院"

贡马是向皇帝进贡的马。自从马在战争中占据重要的地位后，历代皇帝都开始在各地寻求名马。

⑧ 事皇天子之山：侍奉周天子的山。事，侍奉。皇，尊崇之辞。

⑨ 有模堇：此句前疑脱"奚"字。那里有模堇这种植物。模堇，植物名，或为木槿，一种落叶灌木，叶菱形或三角状卵形，耐热，多生长于南方，但陕西一带也有生长。《本草纲目》载木槿能"洗目令明"。

⑩ 明后：疑为"明目"。吃了模堇的叶子后眼睛会更加明亮。

【译文】

　　九月初三，周穆王向南巡行，到达阳纡山的最东边。之后又从那里穿过鶔晋山谷。九月初九，周穆王到达黄河北岸的鶔瑜。絮溲氏居住在那里，河伯的孙子在那里侍奉过周天子的山。山上有模堇，吃了它的叶子后，眼睛会更加明亮。周穆王嘉奖了伯夭，赏给他一对玉佩。伯夭跪地叩头拜了两次。

六

癸丑①，天子东征。伯夭送天子至于郲人②。郲伯絮觞天子于澡泽③之上。䣙多之汭④，河水之所南还⑤。曰：天子五日休于澡泽之上，以待六师之人。戊午⑥，天子东征。顾命⑦伯夭归于丌邦⑧。天子曰："河宗正也⑨。"伯夭再拜稽首。

【注释】

① 癸丑：十月十二日。距前"辛巳"已过三十二日。

② 郲人：郲国人。在今内蒙古河套一带。

③ 澡泽：湖泽名。在郲国境内。

④ 䣙（ruì）多之汭：博托河的北部湾。䣙多，今内蒙古包头市。汭，河流弯曲的地方，下句说到河水在此处转向南流，应为内蒙古包头至托克托一带。

⑤ 河水之所南还：黄河转弯折向南流的地方。

⑥ 戊午：十月十七日。距前"癸丑"已过五日。

⑦ 顾命：君主临终前的命令，此处指周穆王临行前的命令。

⑧ 归于丌邦：回归到他的邦国。丌，同"其"，此处指伯夭。

⑨ 河宗正也：此处为省略句。意为任命伯夭为河宗氏的执政君主。正，同"政"，执政。

【译文】

　　十月十二日，周穆王向东巡行，伯夭送周穆王到达鄌国。鄌伯絮在澡泽宴请周穆王。博托河的北部湾是黄河转弯折向南流的地方。周穆王在澡泽休息了五天，以等待他的六军部署。十月十七日，周穆王向东巡行，临行前命令伯夭回归他自己的邦国。周穆王说："伯夭，你是河宗氏的执政君主！"伯夭跪地叩头拜了两次。

弗克于德图

选自《钦定书经图说》清印本　（清）孙家鼐（nài）、张百熙等

图中的七萃之士是周天子的禁卫军，唐代诗人白居易在《驸马都尉郑何除右卫将军制》中提到："周设七萃，汉列八屯，皆以拱卫王宫，肃严徼道。"

巡行侯甸图

选自《钦定书经图说》清印本　（清）孙家鼐（nài）、张百熙等

周代天子直辖六军,性质相当于禁军,又称天子六师或宗周六师。

《宋太祖坐像》轴

选自《历代帝后像》 佚名 收藏于中国台北"故宫博物院"

宋太祖赵匡胤是北宋的开国皇帝,在陈桥兵变之前,赵匡胤曾是五代后周的禁军首领,后得禁军将士拥护而登基称帝。此后,禁军就成了北宋的正规军,主要职责是"天子之卫兵,以守京师,备征戍"。

汉武帝像

选自《帝王道统万年图》册 (明)仇英 收藏于中国台北"故宫博物院"

汉武帝时期,从西周的六军增设成了八禁军,分别为:中垒、屯兵、步兵、越骑、长水、胡骑、射声、虎贲。

七

天子南还①，升于长松之隥②。孟冬壬戌③，天子至于雷首④。犬戎胡⑤觔天子于雷首之阿，乃献食马四六。天子使孔牙⑥受之。曰：雷水之平寒⑦，寡人⑧，具⑨犬马羊牛。爰有黑牛白角，爰有黑羊白血⑩。

【注释】

① 南还：向南返回。还，返回，返还。

② 长松之隥（dèng）：地名。长满高大松树的山坡。隥，险峻的山坡。

③ 壬戌：十月二十一日。距前"戊午"已过四日。

④ 雷首：地名。今山西朔州的洪涛山。雷水源出洪涛山，即漯（lěi）水，今永定河。

⑤ 犬戎胡：犬戎部族首领，名胡。

⑥ 孔牙：人名，即君牙。《周书·君牙序》载："穆王命君牙为周大司徒。"

⑦ 雷水之平寒：雷水河的两岸苦寒。平，疑为"干"，即岸边。

⑧ 寡人：少有人烟。

⑨ 具：尽是，全是。

⑩ 白血：疑为"白角"。"血"字为"角"字讹误。

【译文】

　　周穆王向南返回，登上一片长满高大松树的山坡。十月二十一日，周穆王到达雷首山。犬戎部族的首领胡在雷首山的山坡上宴请周穆王。他进献了二十四匹可以食用的马，周穆王让孔牙收下了献礼。雷水河的两岸苦寒，少有人烟，却尽是犬、马、羊、牛。那里有长着白色犄角的黑牛，以及有长着白色犄角的黑羊。

战国青铜驭手
收藏于美国纽约大都会艺术博物馆
西周时期，车战是主要的作战形式。据《史记·周本纪》记载，西周灭商的时候，就发动了"戎车三百乘，虎贲之士三千，甲士四万五千人"。

错金银马首形铜辕饰
收藏于中国国家博物馆
马首形铜辕饰是车用装饰，通常装配在车辕的前端。

157

丁亥歲暮
磬山羊老

《洗兵图》卷

（明）吴伟　收藏于广东博物馆

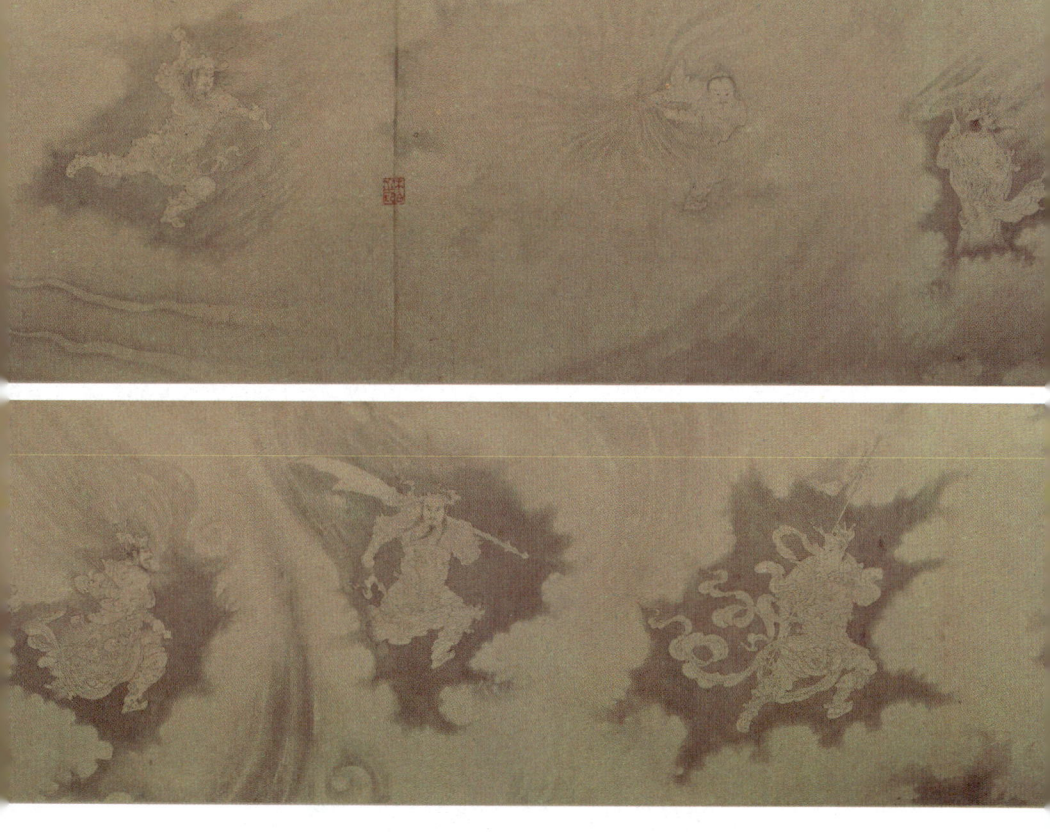

《说苑》中记载，相传周武王出兵伐纣时，突然下起了大雨，周武王认为这是上天降雨为他们刷洗兵器，于是鼓舞士气，擒纣灭商。后来"洗兵"一词，常被用来表示战争胜利结束。

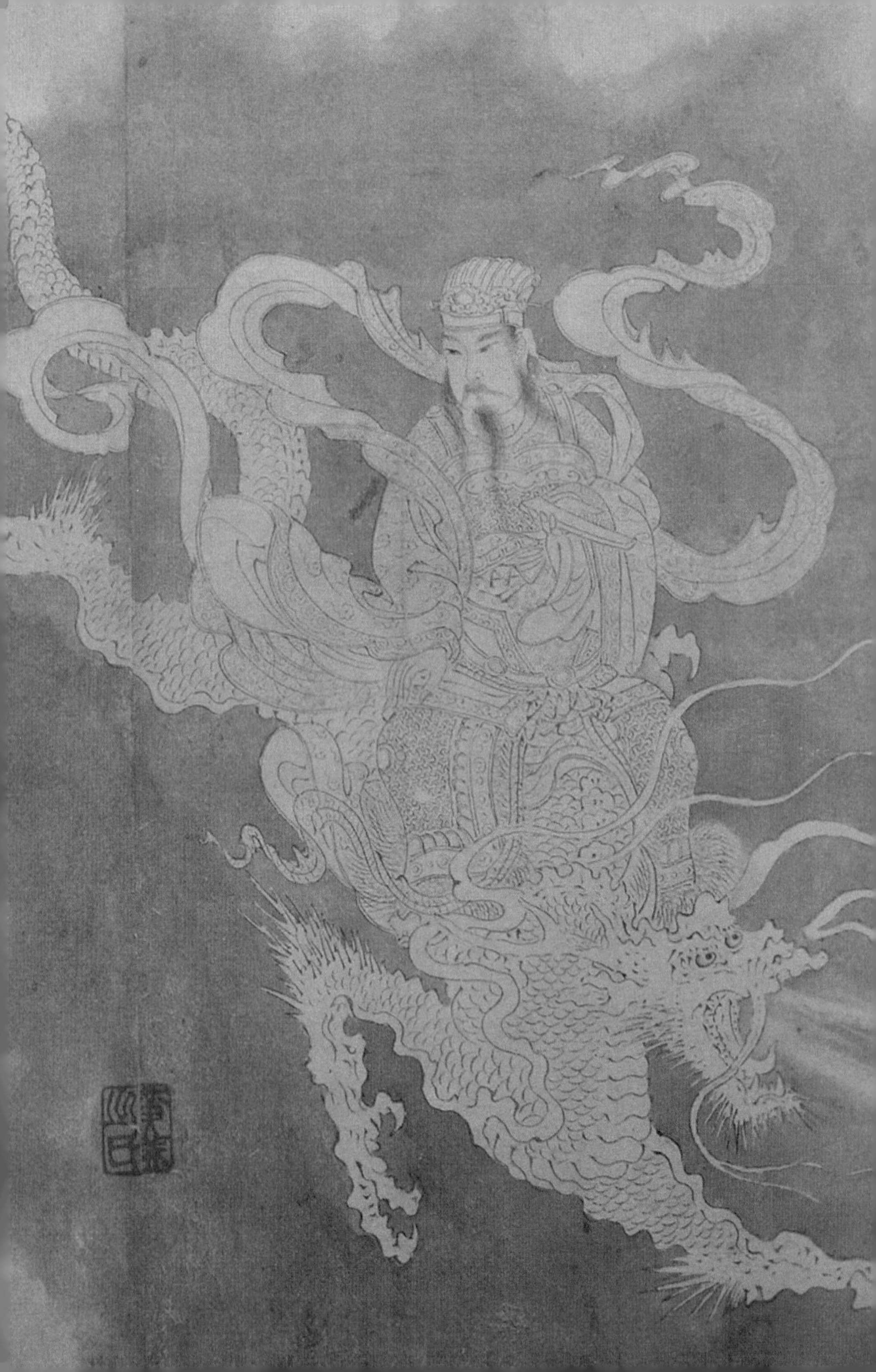

八

癸亥①,天子南征,升于髭之隥②。丙寅③,天子至于钘山之隊④,东升于三道之隥⑤,乃宿于二边⑥。命毛班⑦、逢固⑧先至于周⑨,以待天子之命。癸酉⑩,天子命驾八骏之乘,赤骥之驷⑪,造父为御。南征翔行,径绝翟道⑫,升于太行⑬,南济于河⑭。驰驱千里,遂入于宗周⑮。官人⑯进白鹄之血,以饮天子,以洗天子之足⑰。造父乃具羊之血⑱,以饮四马之乘一⑲。

【注释】

① 癸亥:十月二十二日。距前"壬戌"已过四日。

② 髭(zī)之隥:髭山的险坡。髭山,位于山西代县境内,或为今雁门山,或为今句注山,两山均在代县西北方。

③ 丙寅:十月二十五日。距前"癸亥"已过三日。

④ 钘山之隊:钘山峡谷中的险路。隊,通"隧",山谷中的险路。钘山,即井陉山。这条山谷中的险路或为周穆王第一次西征时穿越的那条险路。

⑤ 三道之隥。三道坡。在井陉山的东侧,具体位置不详。

⑥ 二边:地名。与三道坡同在井陉山东侧,具体位置不详,

两地或相距不远。

⑦ 毛班：人名，周穆王的大夫，也称毛公、毛公班，周文王姬郑的后人。姬郑封于毛，其后人以毛为氏。由《班簋》铭文知毛班本是卿爵，后因接替虢城公之职而升为公爵，称公。

⑧ 逢固：人名，周穆王时的大夫。公爵爵位，也称逢公固。

⑨ 周：此处指宗周洛邑。

⑩ 癸酉：十一月初二。距前"丙寅"已过七日。

⑪ 赤骥之驷：赤骥等四匹马。其他三匹为白义、华骝、绿耳。

⑫ 径绝翟道：直直地穿过翟道。翟道，即翟国境内的道路。翟国，位于井陉山以南，今河北与山西交界处。

⑬ 太行：山名。即太行山，在今山西与河北交界处。太行山脉为东北—西南走向，北起北京市西山，向南延伸至河南与山西交界处的王屋山，西接山西高原，东临华北平原，绵延四百多公里，是中国地形第二阶梯的东缘，也是黄土高原的东部界线。

⑭ 南济于河：向南渡过黄河。济，渡过水流。

⑮ 宗周：周朝王城洛邑，即今河南洛阳城西。

⑯ 官人：即"馆人"，负责馆舍的官员。官，通"馆"。

⑰ 以洗天子之足：给周穆王洗脚。由上文"因具牛羊之湩，以洗天子之足"可知，此句前或脱文"因具牛羊之湩"。

⑱ 具羊之血：备好羊的血水。具，准备。

⑲ 以饮四马之乘一：喂赤骥、白义、华骝、绿耳喝。

商周时期的兵器

商周时期的兵器材质多以青铜为主，进攻型兵器主要有戈、矛、戟（jǐ）、钺（yuè）、剑、刀、弩等。

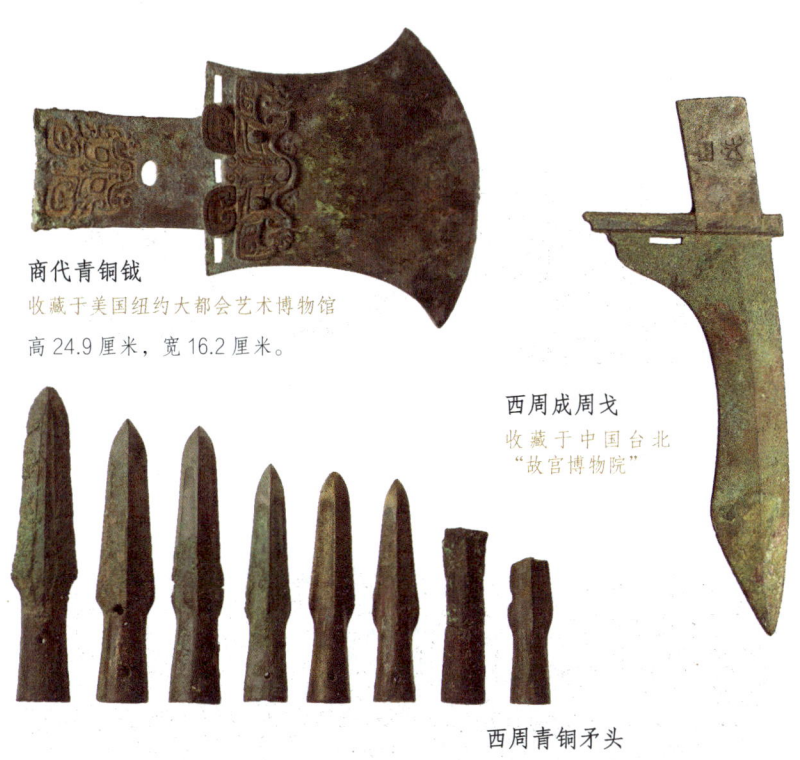

商代青铜钺
收藏于美国纽约大都会艺术博物馆
高 24.9 厘米，宽 16.2 厘米。

西周成周戈
收藏于中国台北"故宫博物院"

西周青铜矛头
收藏于美国纽约大都会艺术博物馆

西周青铜剑
收藏于美国纽约大都会艺术博物馆
长 45.7 厘米。

商代青铜羊首刀
收藏于美国纽约大都会艺术博物馆
长 27 厘米。

战国错银弩机 收藏于中国台北"故宫博物院"
长 12.5 厘米，宽 10.5 厘米。

战国青铜错银弩架 收藏于美国克利夫兰艺术博物馆
长 21.8 厘米。

【译文】

　　十月二十二日，周穆王向南巡行，登上了髭山的险坡。十月二十五日，周穆王到达井陉山峡谷中的险路，向东登上了三道坡，晚上在二边过夜。周穆王命令大夫毛班、逢固先回宗周洛邑，等待他的诏命。十一月初二，周穆王下令用八匹骏马来拉车乘，赤骥等四匹马拉主车乘，造父驭车。马车向南奔驰千里，直穿翟道，登上了太行山，之后再南渡黄河，最终到达都城洛邑。馆舍的官吏献上白鹤的鲜血供周穆王饮用，又准备了牛羊的乳汁，给周穆王洗脚。造父也准备了羊血，给赤骥等四匹马饮用。

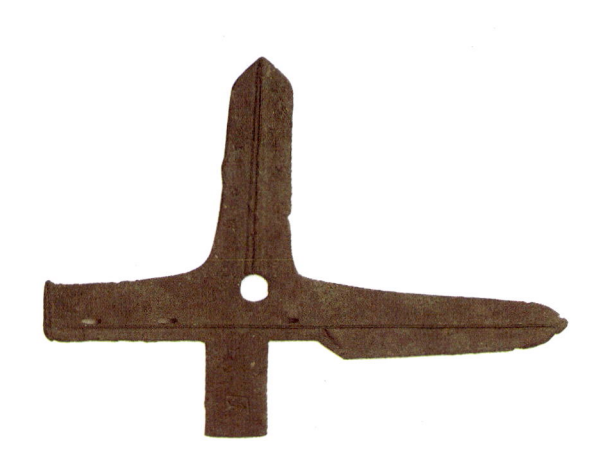

西周侯戟
收藏于中国台北"故宫博物院"
长 26.6 厘米。

九

庚辰①,天子大朝于宗周之庙②,乃里西土之数③。曰:自宗周瀍水④以西,北至于河宗之邦阳纡之山⑤,三千有四百里⑥;自阳纡西至于西夏氏⑦,二千又五百里;自西夏至于珠余氏及河首⑧,千又五百里;自河首、襄山以西⑨,南至于舂山、珠泽、昆仑之丘,七百里。自舂山以西,至于赤乌氏、舂山,三百里⑩;东北还至于群玉之山⑪,截舂山以北⑫;自群玉之山以西,至于西王母之邦,三千里;□自西王母之邦,北至于旷原之野⑬,飞鸟之所解其羽⑭,千有九百里。□宗周至于西北大旷原⑮,万四千里。乃还,东南复至于阳纡⑯,七千里。还归于周,三千里。各行兼数⑰,三万有五千里。

【注释】

① 庚辰:十一月初九。距前"癸酉"已过七日。

② 庙:这里指朝堂。

③ 里西土之数:统计西征所行的里数。里……数,即计算里数。"里",名词动用。

④ 瀍(chán)水:水名。发源于山西孟津谷城山。

⑤ 河宗之邦阳纡之山:河宗之邦,即卷一所载的河宗氏。

阳纡之山，即阳山，今阴山山脉。

⑥ 三千有四百里：周时的三千四百里，折合今里为两千二百里至两千五百里。有，同"又"。

⑦ 西夏氏：古代国名。位于宁夏一带或甘肃东边。此处提及的西夏氏，加上下文的珠余氏、河首、襄山等地，前文未载，应脱文于卷二之首。

⑧ 珠余氏及河首：古代西域部族名。河首，应在今甘肃兰州一带。

⑨ 襄山：山名。与河首位置相近。

⑩ 至于赤乌氏三百里：到达赤乌氏部族境内有三百里（今里为二百里至二百二十里）。从舂山到赤乌氏部族境内，周穆王以正常速度行驶了两日，每日行今里一百里左右。

⑪ 群玉之山：山名。

⑫ 截舂山以北：截，截至，此处指到达。"北"字后疑脱"七百里"三字。按里程计，补"七百里"正合"宗周至于西北大旷原万四千里"。

⑬ 旷原之野：地名。

⑭ 解其羽：指飞鸟褪毛而死。

⑮ 西北大旷原：同"旷原之野"。

⑯ 东南复至于阳纡：朝东南方向走回到阳纡山。

⑰ 各行兼数：各地行程合计里数。

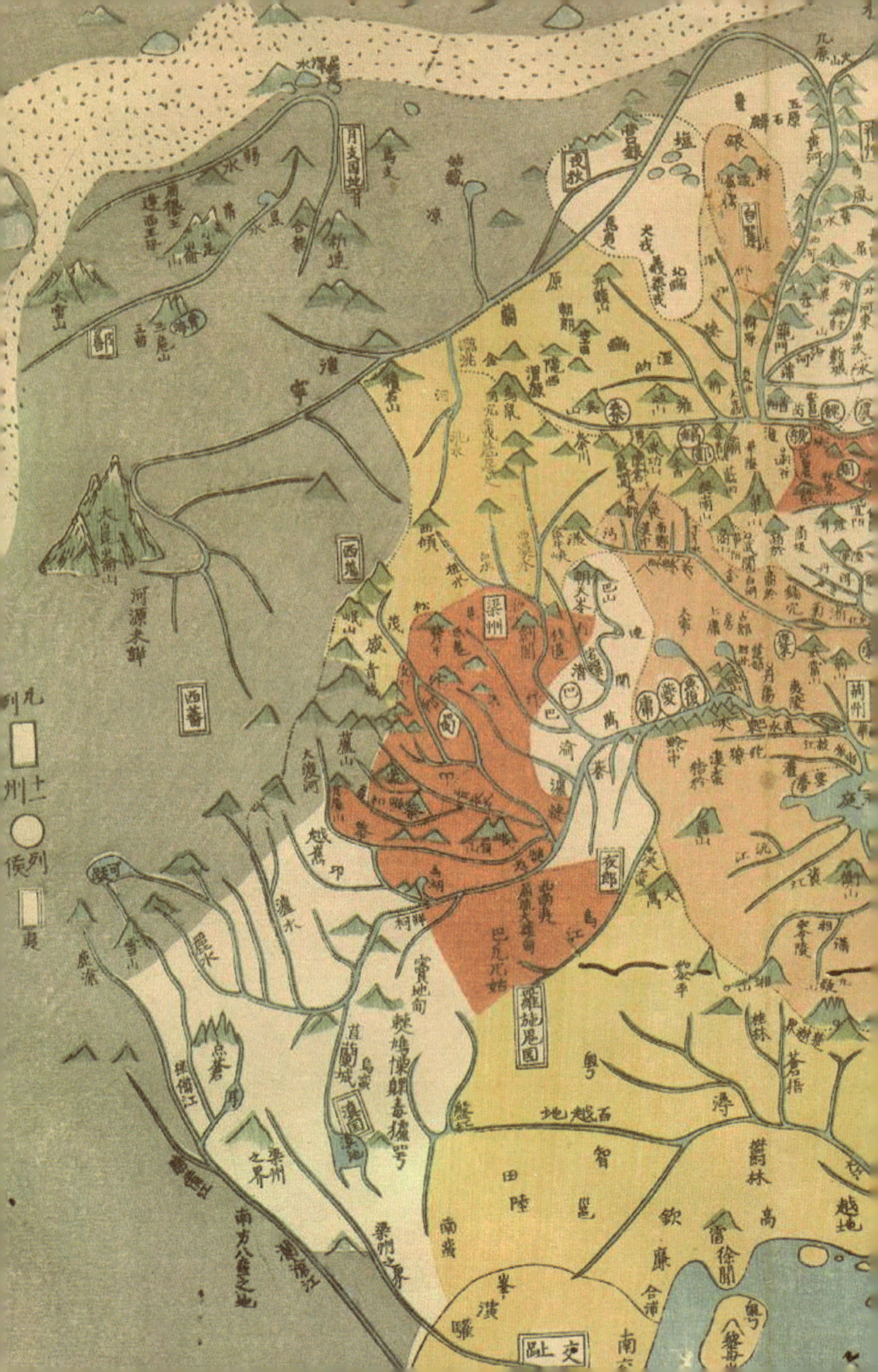

月支国
西羌
西蕃
河源未详
大雪山
梁州
蜀
夜郎
羅施鬼国
滇国
荆州
交趾
百越地
鬱林
欽
廉
合浦
徐聞
梁州之界
南方八蠻之地

春秋列国图

选自《唐土历代州郡沿革图》 [日] 长赤水

西周实行分封制，所封诸侯在王畿以外的土地上封邦建国。随着周朝王室日渐衰落，诸侯之间开始争霸，在春秋时期先后建立霸业的是齐桓公、晋文公、宋襄公、秦穆公、楚庄王、吴王阖闾、越王勾践。

【译文】

十一月初九，周穆王在宗周都城洛邑的朝堂上举行盛大朝觐仪式，并计算这次前往西域的里程数：从宗周瀍水以西，向北到达河宗氏邦国的阳纡山，有三千四百里；从阳纡山向西行到达西夏氏，有二千五百里；从西夏氏到达珠余氏及河首，有一千五百里；从河首、襄山往西南行到达舂山、珠泽、昆仑山，有七百里；从舂山往西到达赤乌氏有三百里；往东北方向到达群玉山，至舂山以北有七百里；自群玉山往西，到达西王母的邦国有三千里；从西王母的邦国往北到达旷原平野，飞鸟到这里脱毛而死，有一千九百里。从宗周到达西北大旷原，总计一万四千里。从那里返回，走东南方向又回到阳纡山，有七千里，再从那里回到宗周洛邑有三千里。各段行程合计为三万五千里。

十

吉日甲申①,天子祭于宗周之庙②。乙酉③,天子□④六师之人于洛水之上。丁亥⑤,天子北济于河⑥,□羴之隊⑦。以西北升于盟门九河之隥⑧,乃遂西南⑨。仲冬壬辰⑩,至欙山⑪之上,乃奏广乐,三日而终。吉日丁酉⑫,天子入于南郑⑬。

【注释】

① 甲申:十一月十三日。距前"庚辰"已过四日。

② 庙:太庙,明堂。

③ 乙酉:十一月十四日。距前"甲申"已过一日。

④ □:此处阙文应为"劳"。指慰劳、犒劳。

⑤ 丁亥:十一月十六日。距前"乙酉"已过二日。

⑥ 北济于河:向北渡过黄河。

⑦ □羴之隊:此处阙文应为"绝"字,其后或许另有一字,与"羴"相连,为山名。隊,山谷中的险路。

⑧ 盟门九河之隥:疑为"盟门九阿之隥",指孟门山九阿的山坡。盟门,即孟门山,在今山西吉县与陕西宜川间的黄河边上、壶口瀑布之北。

⑨ 乃遂西南：于是又向西南行进。

⑩ 壬辰：十一月二十一日。距前"丁亥"已过五日。

⑪ 纍（lěi）山：山名。在陕西韩城一带。

⑫ 丁酉：十一月二十六日。距前"壬辰"已过五日。

⑬ 南郑：西周时期城邑名。周穆王时设为别都，也称西郑，位于今陕西渭南华州区。

【译文】

十一月十三日是个吉日，周穆王到宗周太庙祭祀先王。十一月十四日，周穆王到洛水岸边慰劳跟随他一起西征的六师部署。十一月十六日，周穆王北渡黄河，穿过羝山峡谷险道，继续向西北行进，并登上孟门山九阿坡，之后再转向西南行进。十一月二十一日，周穆王到达纍山，命人演奏盛大的乐曲，持续三天才结束。十一月二十六日是个吉日，周穆王进入别都南郑。

四方是孚图

选自《钦定书经图说》清印本　（清）孙家鼐、张百熙等

西周中期，西北地区的游牧民族犬戎兴起。周穆王以犬戎未进贡为由，对其进行征伐。虽然最终周穆王大获全胜，却激化了与犬戎的矛盾，还使其他边远国家以后不再朝见周穆王。

归于宗周图

选自《钦定书经图说》清印本　（清）孙家鼐、张百熙等

周穆王此次西征从王都宗周出发，在远行三万五千里后，于穆王十八年(前959年)返回了宗周。

戏举烽火

选自《帝鉴图说》法文外销画绘本　（明）佚名　收藏于法国国家图书馆

《史记·周本纪》中记载，周幽王为了博褒姒一笑，点燃了报警用的烽火台。各地诸侯看到烽火，以为有敌军入侵，匆匆赶来救驾，结果却发现是被周幽王戏耍了。如此一来，诸侯对周幽王的烽火报警不再相信，等犬戎大军真正攻打过来时，周幽王孤立无援，因此被杀。

卷五

穆天子传

导读

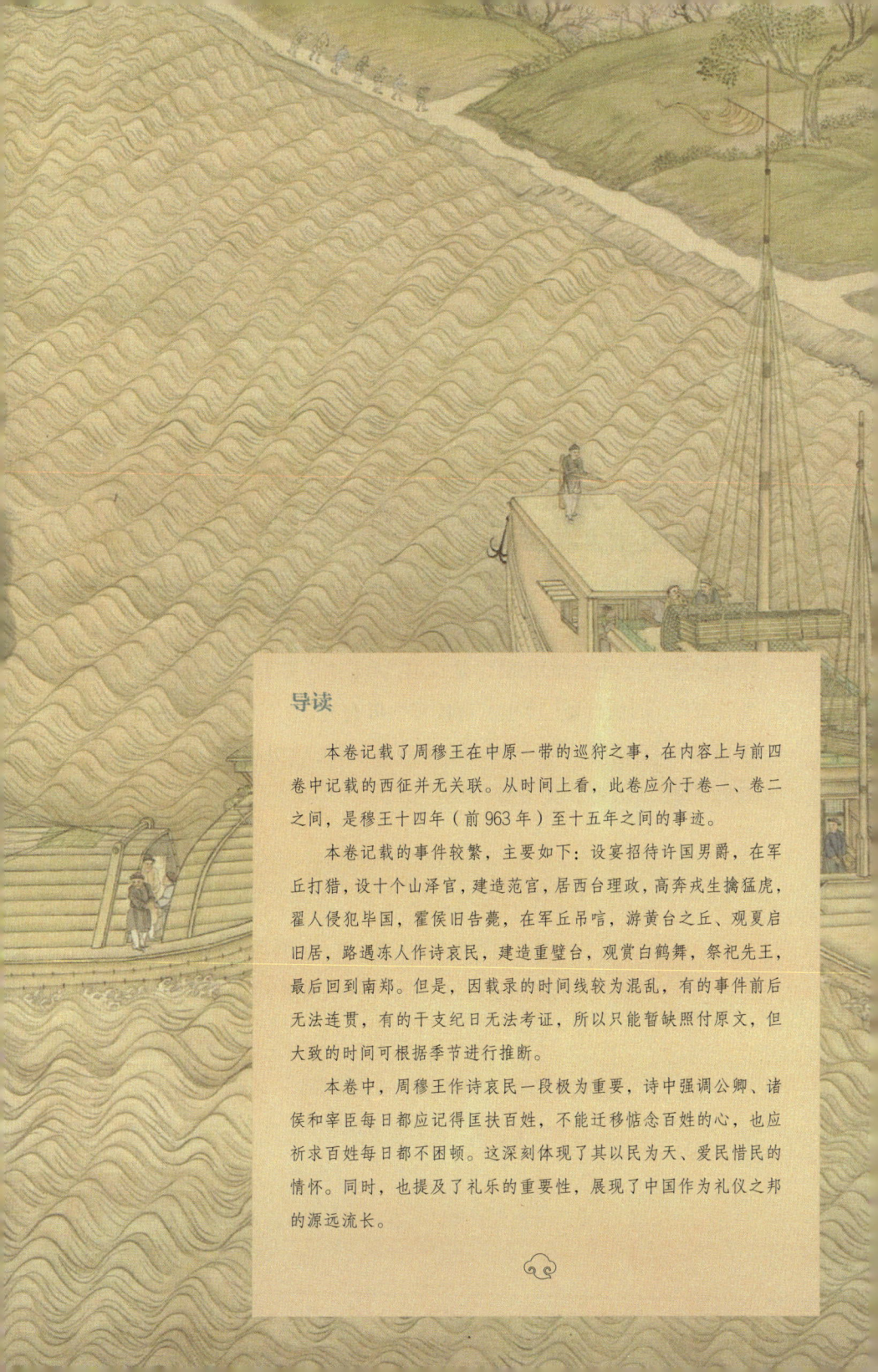

  本卷记载了周穆王在中原一带的巡狩之事，在内容上与前四卷中记载的西征并无关联。从时间上看，此卷应介于卷一、卷二之间，是穆王十四年（前963年）至十五年之间的事迹。

  本卷记载的事件较繁，主要如下：设宴招待许国男爵，在军丘打猎，设十个山泽官，建造范宫，居西台理政，高奔戎生擒猛虎，翟人侵犯毕国，霍侯旧告薨，在军丘吊唁、游黄台之丘、观夏启旧居，路遇冻人作诗哀民，建造重璧台，观赏白鹤舞，祭祀先王，最后回到南郑。但是，因载录的时间线较为混乱，有的事件前后无法连贯，有的干支纪日无法考证，所以只能暂缺照付原文，但大致的时间可根据季节进行推断。

  本卷中，周穆王作诗哀民一段极为重要，诗中强调公卿、诸侯和宰臣每日都应记得匡扶百姓，不能迁移惦念百姓的心，也应祈求百姓每日都不困顿。这深刻体现了其以民为天、爱民惜民的情怀。同时，也提及了礼乐的重要性，展现了中国作为礼仪之邦的源远流长。

一

　　珤处①。曰天子四日休于瀖泽②，于是射鸟猎兽。丁丑③，天子□雨④，乃至⑤。郐父自圃郑来谒⑥："留昆归玉百枚⑦。陵翟致赂⑧，良马百驷⑨，归毕之珤⑩，以诘其成⑪。陵子牾胡□东牡⑫。"见许男于洧上⑬。郐父以天子命辞曰："去兹羔⑭，用玉帛见⑮。"许男不敢辞⑯，还取束帛加璧⑰。□毛公举币玉⑱。是日也，天子饮许男于洧上。天子曰："朕非许邦⑲，而恤百姓□⑳也。咎氏宴饮毋有礼㉑。"许男不敢辞，升坐于出尊㉒，乃用宴乐㉓。天子赐许男骏马十六。许男降㉔，再拜空首㉕，乃升平坐㉖。及暮，天子遣㉗许男归。

【注释】

① 珤处：宝物所在之地。此二字前脱文太多，无考。

② 瀖（huò）泽：古代邑名，或在今山西阳城西北一带。

③ 丁丑：周穆王十四年二月初九。

④ □雨：此处阙文，应是"遇"。遇雨，遇到大雨。

⑤ 乃至：此二字后应脱地名，依照下文推断，或脱"留昆氏"。乃至留昆氏，于是来到了留昆氏部族。

⑥ 自圃郑来谒：从圃郑前来禀告。圃郑，泽名，当时的

九薮之一，在今河南中牟西边，现已为平地。谒，前来禀告。

⑦ 归玉百枚：赠送一百枚美玉。归，通"馈"，赠送、敬献。

⑧ 陕翟（jùn dí）致赂：陕翟人敬献财物。陕翟，国名，约在今陕西咸阳一带。

⑨ 百驷：四百匹马。一驷，有四匹马。

⑩ 归毕之宝：归还毕国的财宝。毕，古代国名，约在今陕西咸阳东北一带。周文王之子姬高封于毕，称"毕公高"。这些宝物由陕翟人入侵毕国时所获得，周穆王来讨要。

⑪ 以诘其成：以请求和解。诘，指责，训责，这里指请求周穆王训责，以实现和解。成，和解，讲和。

⑫ 陕子䚣胡□东牡：陕子䚣胡，陕国子爵名寿胡。此处阙文应为"献"，表进献之意。东牡，具体为何物不能确定，疑为东胡牡马。

⑬ 见许男于洧（wěi）上：在洧水河接见许国男爵。见，接见。许男，许国男爵。许，西周时的诸侯小国，国君姜姓，相传为炎帝之后，武王伐纣后封于许，在今河南许昌东。洧上，地名，或为洧水河岸。洧水又称洧河，即今河南许昌的双洎（jì）河。

⑭ 去兹羔：不要这种羔羊。兹，这个，此种。羔，羔羊。

⑮ 用玉帛见：带着美玉丝织品觐见。帛，丝织品的总称。

⑯ 不敢辞：不敢找借口。辞，借口。

⑰ 束帛加璧：一束丝织品和玉璧。束帛，捆成一束的丝织品。

周公告奭图

选自《钦定书经图说》清印本 （清）孙家鼐、张百熙等

据《公羊传》《周礼》等史料记载，周朝时公爵有周公、召公、太公三人，他们分别担任太宰、太保、太师的职位，其封地也大都在王畿附近。

列爵分土圖

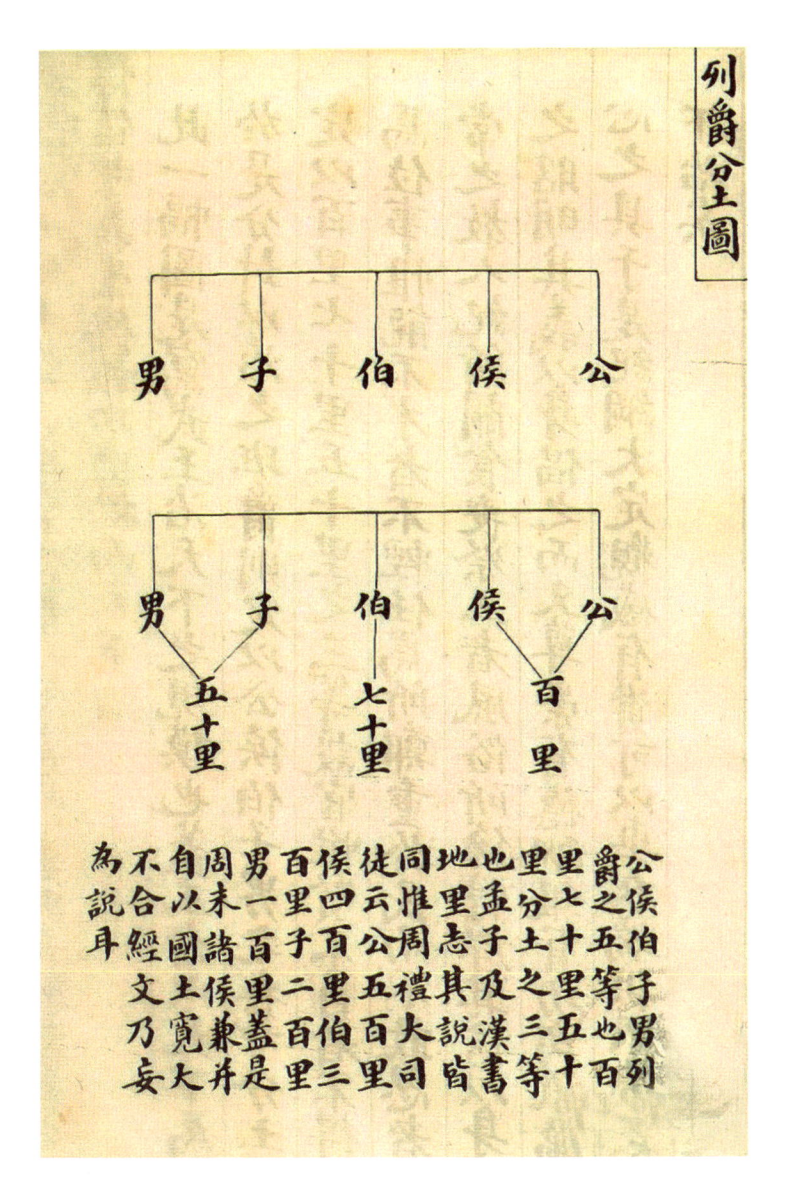

```
         ┌────┬────┬────┬────┐
         男   子   伯   侯   公


              ┌────┬────┬────┐
              男   子   伯   侯   公
                   │    │    │
                   五   七   百
                   十   十   里
                   里   里
```

公侯伯子男爵之五等也列爵惟五等三十五百里也
公侯伯七十里子男五十里爵分土之說及漢書皆同孟子禮其大司徒云惟周公分土及漢書皆同
公百里侯伯百里子男五十里
侯四百里伯三百里子男二百里百里
周末諸侯兼併是自不合國土寬大乃妄為說耳經文

列爵分土图

选自《钦定书经图说》清印本 （清）孙家鼐、张百熙等

周代诸侯分五个等级，称为五等爵，分别为：公爵、侯爵、伯爵、子爵、男爵。

⑱ □毛公举币玉：此处阙文应为"天子使"。意为周穆王让毛公收下这些丝帛和玉璧。毛公，即毛班，也称毛公班。举，收下。

⑲ 朕非许邦：我不在许国。朕，即"我"，古代时天子的自称。

⑳ 恤百姓□：指体恤许国的百姓。此处阙文，或衍。

㉑ 咎氏宴饮毋有礼：舅氏在酒宴上不必拘于礼数。咎氏，通"舅氏"。《礼》载："天子称异姓诸侯为伯舅。燕者私会，不欲崇礼敬也。"毋有，不要囿于。有，通"囿"，指囿于、有所拘束。

㉒ 出尊：通"出樽"，即坐在酒杯的旁边。

㉓ 宴乐：通"燕乐"，古代宫廷中的乐曲，此处指酒宴上演奏的乐曲。

㉔ 降：离席下座。

㉕ 空首：拜头至手，古代拜见礼之一。

㉖ 平坐：不分尊卑的座次。

㉗ 遣：打发，让。

【译文】

　　宝物所在的地方。周穆王在濩泽休息了四天，在那里射飞鸟、猎走兽。穆王十四年二月初九这一天，周穆王在前行途中遇到了大雨，于是来到了留昆氏部族。郘父从圃郑来禀告说："留昆氏进献了一百枚美玉；陵翟人敬献的财物，有四百匹良马，并且还归还了侵夺毕国的器物，以此请求和解。陵国子爵寿胡进献了东胡牡马。"周穆王在洈水接见了许国男爵。郘父传达周穆王的旨意说："不要用这种小羊羔作为谒见之礼，要带着玉璧丝绸来觐见。"许国男爵不敢推辞，返回许国取来了一束丝帛和玉璧。周穆王让毛公班收下了这些丝帛和玉璧。这一天，周穆王在洈水上宴请许国男爵。周穆王说："我虽然不在许国，但还是很关心体恤许国的百姓啊！舅氏在酒宴上不必拘于礼数。"许国男爵不敢推辞，上坐于酒樽旁边，还奏起了宫中燕乐。周穆王赏赐给许国男爵十六匹骏马。许国男爵离席下座，拜了两拜，并拜头至手，然后上席与周穆王平坐。到了傍晚时分，周穆王便让许国男爵回去了。

二

癸亥①，天子乘鸟舟、龙舟②，浮于大沼③。夏庚午④，天子饮于洈上。乃遣郘父如⑤圃郑，用□诸侯⑥。辛未⑦，天子北还，钓于渐泽⑧，食鱼于桑野⑨。丁丑⑩，天子里囿田之路⑪。东至于房⑫，西至于□丘⑬，南至于桑野，北尽经林、煮□之薮⑭。南北五十□⑮。十虞⑯：东虞曰兔台⑰，西虞曰栎丘⑱，南虞曰□富丘⑲，北虞曰相其⑳，御虞曰□来㉑，十虞所㉒。

【注释】

① 癸亥：三月二十五日。距前"丁丑"已过四十六日。

② 鸟舟、龙舟：鸟形船、龙形船。

③ 浮于大沼：在大湖上乘船泛游。沼，低洼积水的地带。

④ 夏庚午：疑前脱"孟"字。孟夏四月初二。距前"癸亥"已过七日。

⑤ 如：通"入"，前往，去往，赶到。

⑥ 用□诸侯：此处阙文，一说疑为"告"，告知之意；一说疑为"合""联"，联纵之意。编者认为此处阙文或不止一字，大意为赐予诸侯某些礼物作为还礼。

⑦ 辛未：四月初三。距前"庚午"已过一日。

⑧ 渐泽：湖泽名。《一统志·河南开封府》载："渐泽在洧川县北二十里，广数里。"洧川县，即今河南省长葛县洧川镇。

⑨ 桑野：地名。《开封府志》载："桑野在洧川县西北。"

⑩ 丁丑：四月初九。距前"辛未"已过六日。

⑪ 里囿田之路：统计囿田周围之路的里程。里，统计里程。囿田，泽薮名，在今河南中牟西。

⑫ 房：地名。约在今河南中牟东。

⑬ □丘：地名。此处阙文。据下文"西虞曰栎丘"断，或为"栎"字。

⑭ 经林、蓘□之薮：均为湖泽名。此处阙文，无考，不可臆断，译文暂空缺。

⑮ 南北五十□：南北五十里。此处阙文应为"里"。其后还应有东西向的里程，现不可考。

⑯ 十虞（yú）：设置十个虞官。虞，西周时掌管山泽禽兽的官吏。《周礼》中载有山虞、泽虞官职。此处应指泽虞。《周礼》载："泽虞，每大泽、大薮，中士四人、下士八人、府二人、史四人、胥八人、徒八十人；中泽、中薮，如中川之衡；小泽、小薮，如小川之衡。"

⑰ 东虞曰兔台：掌管圃田东面的泽官，驻扎在兔台一带。兔台，地名。

⑱ 西虞曰栎丘：掌管圃田西面的泽官，驻扎在栎丘一带。栎丘，地名。

⑲ 南虞曰□富丘：掌管圃田南面的泽官，驻扎在富丘一带。富丘，地名。

《枫溪垂钓图》 ▶
（明）仇英　收藏于湖南省博物馆

姜太公在渭水垂钓时，采用长杆、短线、直钩、背身的奇妙方式钓鱼，留下了"姜太公钓鱼——愿者上钩"这一歇后语。民间传说中，姜子牙后来果然钓得大鲤，而且还在鱼腹中得到了一部兵书——《兵钤》。

⑳ 北虞曰相其：掌管囿田北面的泽官，驻扎在相其一带。相其，地名。

㉑ 御虞曰□来：管理泽虞官的长官，即十虞之长，驻扎在□来一带。□来，地名。此处阙文，未知。

㉒ 十虞所：十个泽虞官驻扎的地方。

【译文】

　　三月二十五日，周穆王乘坐鸟形船、龙形船在大湖上乘船泛游。四月初二，周穆王在洧河上饮酒，并派祭父前往囿郑，给诸侯还礼。四月初三，周穆王北上返回，在渐泽钓鱼，在桑野吃鱼。四月初九，周穆王下令统计囿田周围之路的里程。向东到房，向西到栎丘，向南到桑野，向北直至经林，羹□两个湖泽，南北共计五十里，东西共计……里，泽虞官设有十个。掌管囿田东面的泽官，驻扎在兔台一带；掌管囿田西面的泽官，驻扎在栎丘一带；掌管囿田南面的泽官，驻扎在富丘一带；掌管囿田北面的泽官，驻扎在相其一带；管理这些泽虞官的长官，驻扎在□来一带。这就是十个泽虞官驻扎的地方。

白鱼入舟图 ▶
选自《钦定补绘离骚全图》册　（清）萧云从\原作　（清）门应兆\补绘　收藏于中国台北"故宫博物院"

据《史记·周本纪》中记载，周武王去孟津会盟，乘船行至河中间时，突然有条白鱼跳了起来，恰巧落在武王的船上。因鱼的鳞甲与战士的甲胄有相通之处，所以武王大喜，将鱼捡了起来，激动地捧着鱼祭奠上天，感谢上天把天下交托于他。

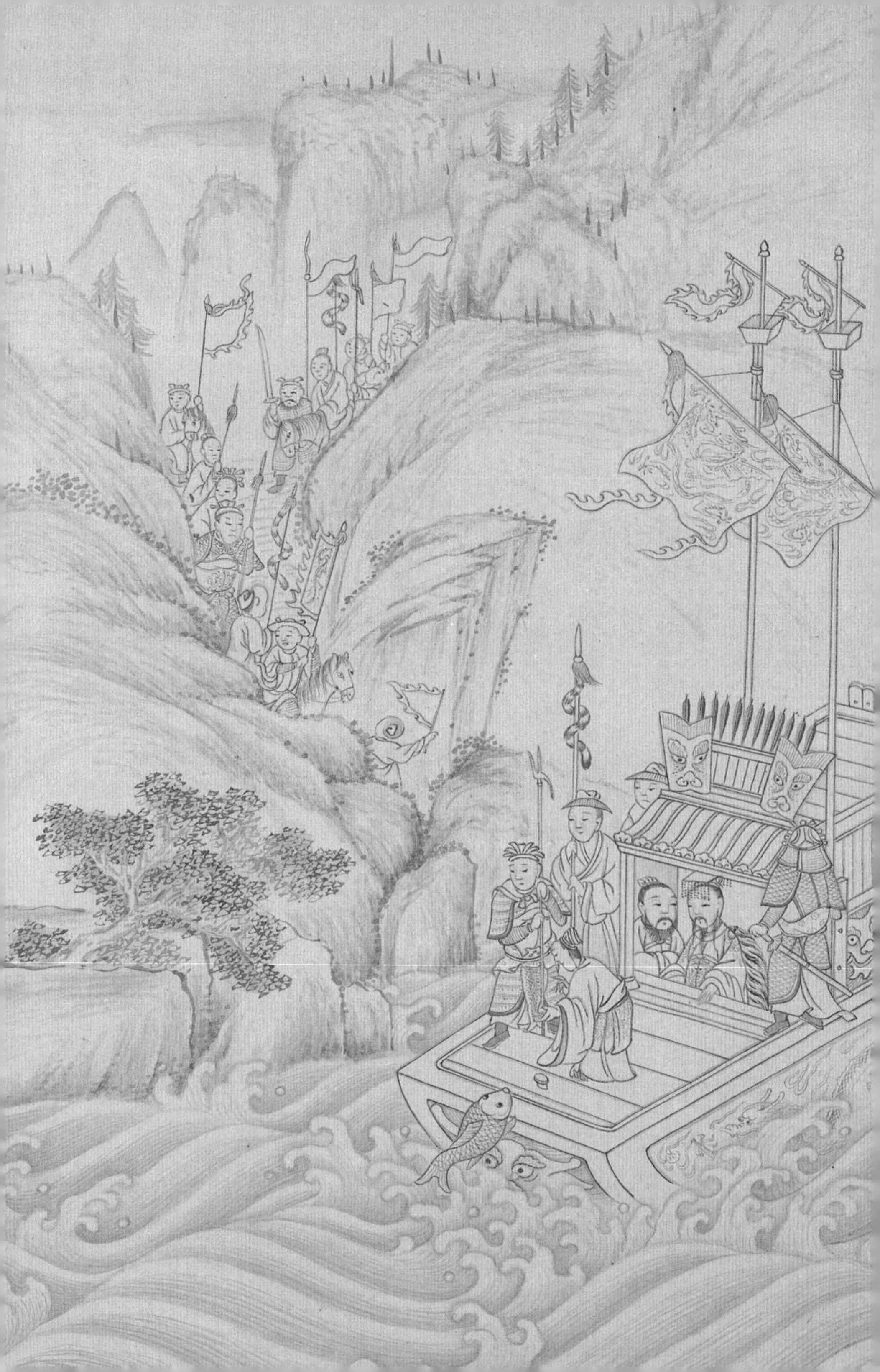

《乾隆南巡图》(第四卷)
(清)徐扬 收藏于美国纽约大都会艺术博物馆

御研朱畔淮清漾 御題

湖

澄山觀濤方城拱九重
遼自速暢苦蔦雄
扣舷傭惟鮤速
喊庭馬六日涯連
惟我氣高雄畫泵
皇秀建千秋淮郡偉
金湯
御鑒卷保
皇祖覽淮黃詩識

辛卯歲中冬
飭泐書

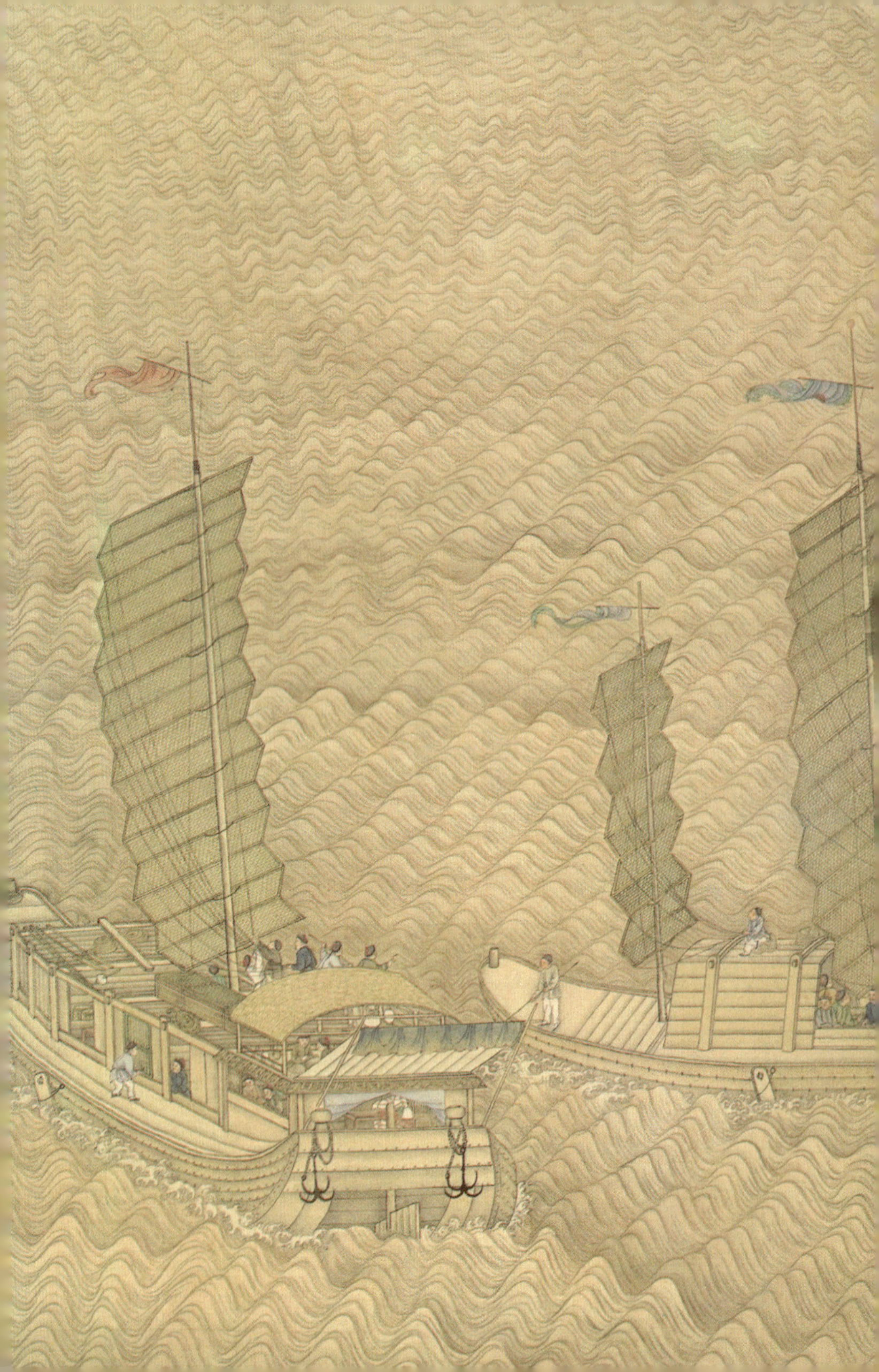

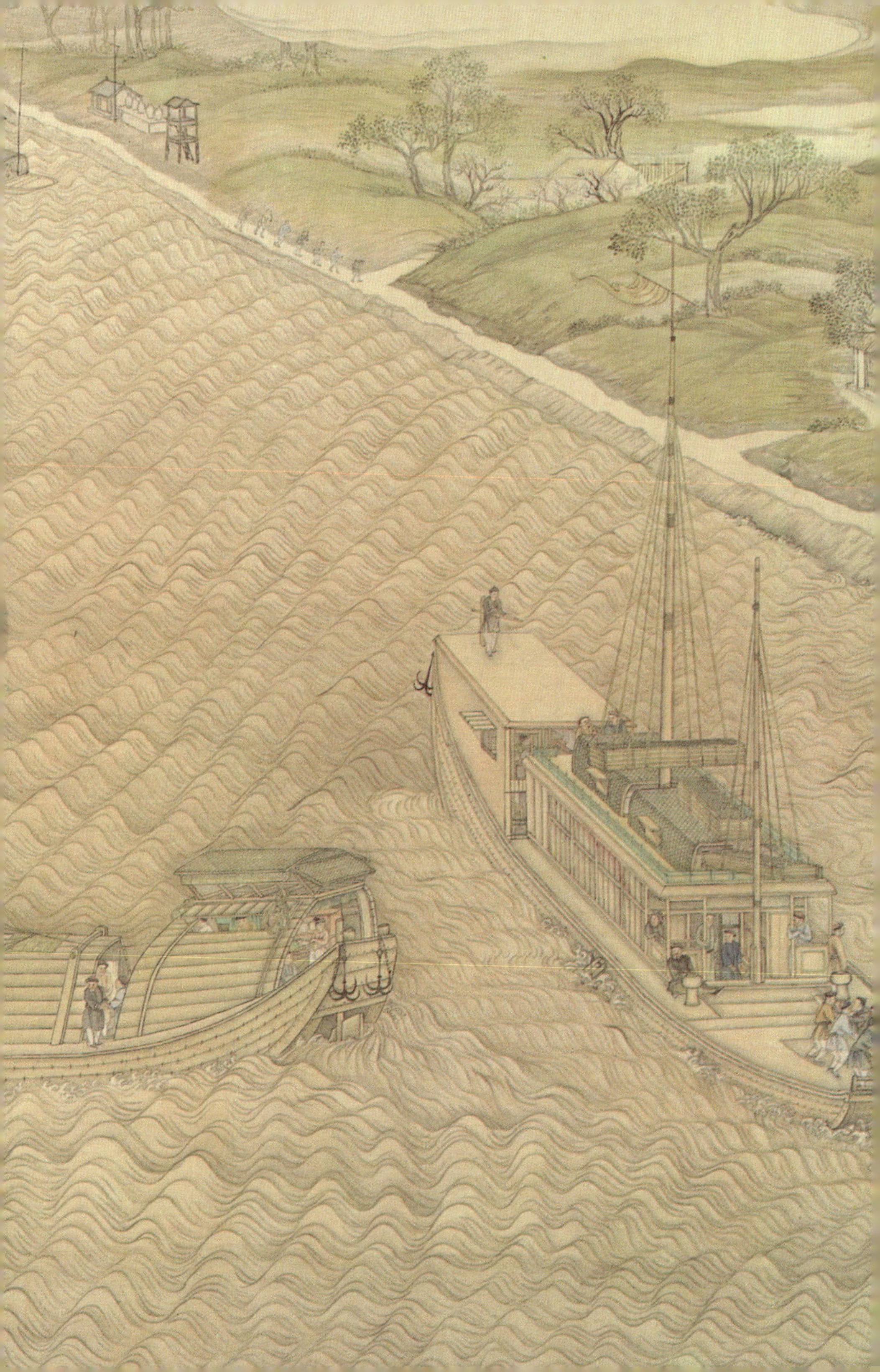

三

□辰①，天子次于军丘②，以畋于薮□③。甲寅④，天子作居范宫⑤，以观桑者⑥，乃饮于桑中⑦。天子命桑虞⑧，出□桑者⑨，用禁暴民⑩。

【注释】

① □辰：干支纪日。按上文可知，周穆王行程安排较为紧凑，因此此处阙文，推测为"庚"。庚辰，四月十二日，距前"丁丑"已过三日。

② 次于军丘：在军丘停留。次，指驻军，一般停留两日及以上用"次"。军丘，地名，在圃田以北，按平日行军速度推算，应在一百里至二百里范围内。

③ 薮□：此处阙文，应为"泽"。薮泽，长满水草的湖泽。

④ 甲寅：五月十七日。距前"庚辰"已过三十四日。

⑤ 作居范宫：兴建范宫作为居所。范宫，宫名，周穆王的别宫，具体所在未明。

⑥ 以观桑者：以便观看采桑之人。桑者，采桑人。

⑦ 桑中：桑林之中。

⑧ 桑虞：官职名。管理桑园的官吏。

桑林祷雨

选自《帝鉴图说》法文外销画绘本　（明）佚名　收藏于法国国家图书馆

相传商汤登基后不久,天下大旱。为了祈雨,他沐浴斋戒,在桑林的旷野上向上天祈祷,最后因其诚意打动了上天,还没等祈祷结束,天空就下起了大雨,百姓们欢呼雀跃了起来。

德灭祥桑

选自《帝鉴图说》法文外销画绘本 （明）佚名 收藏于法国国家图书馆

相传商中宗执政期间，朝廷里长着一棵桑树和一棵果树。一天夜里，两棵树突然长到了一起，众人觉得十分怪异。大臣伊陟认为这是君王德行有亏的表现，于是建议商中宗勤于政事，体恤民情。不到三天，两棵树竟双双枯死。商中宗不敢懈怠，之后也继续德修勤政。

⑨ 出□桑者：有作"出内桑者"，即监护出入桑园的采桑人。

⑩ 用禁暴民：来禁止暴民打扰采桑之人。

【译文】

四月十二日，周穆王在军丘停留，在薮泽中打猎。五月十七日，周穆王兴建范宫作为居所，为了方便观看采桑之人，还在桑林之中饮酒。周穆王命令管理桑园的官吏严加监护采桑之人，禁止暴民打扰。

四

仲夏甲申①，天子□所②。庚寅③，天子西游④，乃宿于邹⑤。壬辰⑥，邹公饮天子酒，乃歌《阆天》之诗⑦。天子命歌《南山有虉》⑧。乃绍⑨宴乐。丁酉⑩，天子作台⑪，以为西居⑫。壬寅⑬，天子东至于雀梁⑭。甲辰⑮，浮于荥水⑯，乃奏广乐。季夏庚□⑰，休于范宫。

【注释】

① 仲夏甲申：穆王十五年仲夏五月二十三日。此节与上文不连贯，此下应为穆王十五年之事。若为周穆王十四年，甲申则为六月十七日，应为"季夏"。加之根据下文"仲秋丁巳""季秋辛巳"等推演，此节时间倒错。

② 天子所：或为"天子东至于所"。一说"所"为"房"，约在今河南中牟东。

③ 庚寅：五月二十九日。距前"甲申"已过六日。

④ 西游：向西游行。游，游行，游览，巡游。

⑤ 郔：封邑名，为郔公谋父的封邑，在今河南郑州市东北。

⑥ 壬辰：六月初二。距前"庚寅"已过二日。

⑦ 歌《阄天》之诗：歌唱《阄天》诗作。歌，古代由乐器伴奏唱出来的诗、文等。阄，音义尚不可知。

⑧ 《南山有蘬》：诗作名。蘬，音义尚不可知。

⑨ 绍：继续。

⑩ 丁酉：六月初七。距前"壬辰"已过五日。

⑪ 作台：兴建高台。台，高平的建筑物，即在范宫以西，疑在今河南郑州西北百里之内。

《大舜孝感动天》▶

（明）仇英 收藏于中国台北"故宫博物院"

相传舜的母亲早亡，继母和同父异母的弟弟对他非常不好，父亲也总是听信谗言，责罚舜，但舜总是以德报怨，孝敬父母。后来他的孝行感动了上天，在舜干农活时，总是有大象和小鸟帮他耕地播种。

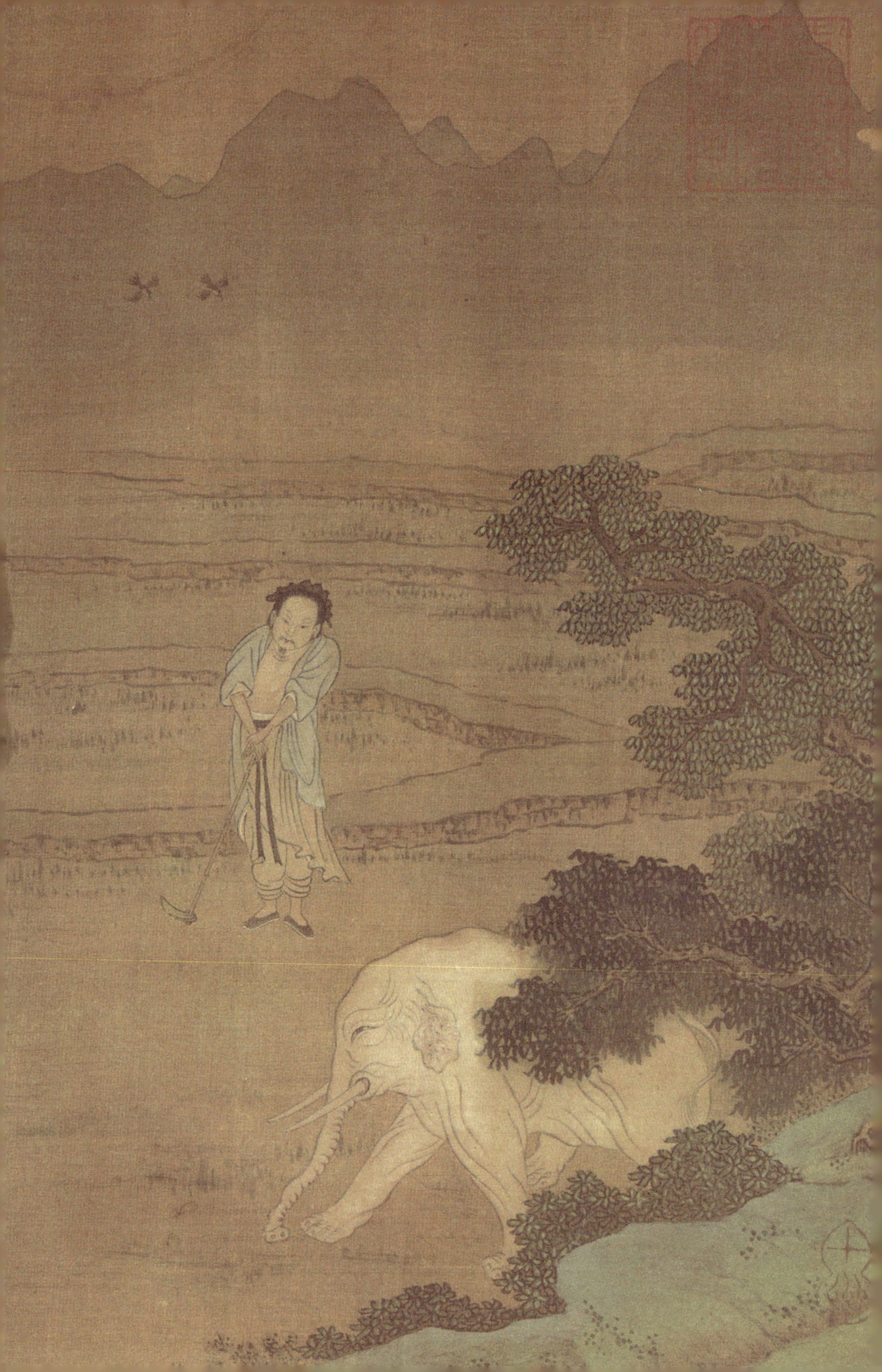

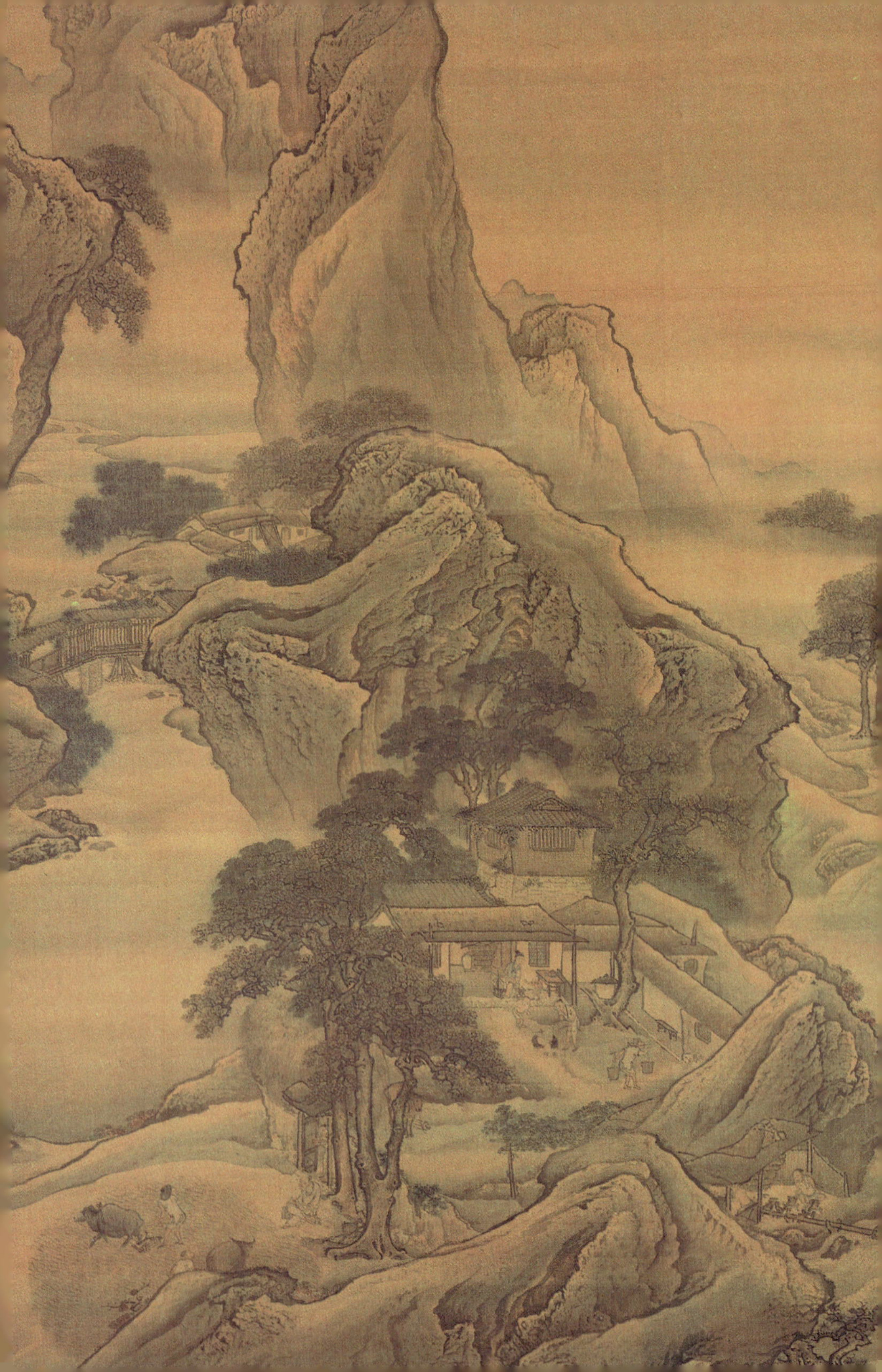

⑫ 以为西居：将其作为范宫西边的居所。

⑬ 壬寅：六月十二日。距前"丁酉"已过五日。

⑭ 雀梁：地名。应在今郑州西北，荥阳以北附近。

⑮ 甲辰：六月十四日。距前"壬寅"已过二日。

⑯ 荥（xíng）水：水名。在今河南郑州西北。《广韵》载："荥，又水名，在郑州。"

⑰ 季夏庚□：干支纪日。定为"季夏庚戌"，即六月二十日。距前"甲辰"已过六日。

【译文】

穆王十五年仲夏五月二十三日，周穆王向东来到了房。五月二十九日，周穆王向西巡行，在邹公谋父的封邑过夜。六月初二，邹公宴请周穆王，唱起了《卤天》。周穆王又令他唱了《南山有蕻》，之后继续演奏宫廷燕乐。六月初七，周穆王兴建高台，将其作为范宫西边的居所。六月十二日，周穆王朝东来到雀梁。六月十四日，他在荥水上泛舟，演奏了盛大的乐曲。六月二十日，在范宫休息。

◀《山庄秋稔图》轴
（清）袁耀 收藏于北京故宫博物院
图中描绘的是秋季庄稼成熟时，男耕女织的场景。

五

仲秋丁巳①，天子射鹿于林中，乃饮于孟氏②。爰舞白鹤③二八。还宿④于雀梁。季秋辛巳⑤，天子司戎⑥于□来⑦，虞人次御⑧。孟冬鸟至⑨，王邑□弋⑩。仲冬丁酉⑪，天子射兽，休于深薋⑫。得麋麕豕鹿四百有二十，得二虎九狼。乃祭于先王，命庖人⑬熟之。

【注释】

① 仲秋丁巳：仲秋八月二十八日。距前"季夏庚戌"已过六十七日。

② 孟氏：地名。《路史·国名纪六》载："孟，孟涂国，今河南孟津偃师西三十一里。"

③ 舞白鹤：舞女跳白鹤舞。

④ 还宿：返回住宿。

⑤ 季秋辛巳：季秋九月二十二日。距前"仲秋丁巳"已过二十四日。

⑥ 司戎：打猎、军事训练，非官职。

⑦ □来：地名。疑与上文"御虞曰□来"中的"□来"为同一地点。

⑧ 虞人次御：虞官乘车紧跟在周穆王车乘后边。

⑨ 孟冬鸟至：孟冬时节，候鸟飞来。

⑩ 王卣□弋：一说为"王以缯弋"，指用带丝绳的箭射鸟。

⑪ 仲冬丁酉：此处干支纪日或有误。一说为"仲冬丁酉"为"丁酉"；一说"仲冬丁酉"为"仲冬辛酉"。本书取第一说，即十月初九。

⑫ 深藿（guán）：茂密丛生的芄兰。藿，即丛生的芄兰。

⑬ 庖人：掌管膳食的官吏。《周礼》载："庖人，中士四人、下士八人、府二人、史四人、贾八人、胥四人、徒四十人。"

【译文】

仲秋八月二十八日，周穆王在树林中射鹿，后在孟氏之地饮酒还观赏了十六位舞女跳白鹤舞，晚上返回雀梁住宿。九月二十二日，周穆王在□来打猎、军事训练，虞官乘车紧跟在周穆王车乘后边。孟冬时节，候鸟飞来，周穆王便用带丝绳的箭射鸟。十月初九，周穆王射猎野兽，在茂密的芄兰丛中休息。猎获的麋、獐子、野猪和鹿，共计四百二十头，另外还猎获了两只老虎和九只狼。周穆王命宫中的厨师将它们烹熟，用来祭祀先王。

听谏散鸟

选自《帝鉴图说》法文外销画绘本 （明）佚名 收藏于法国国家图书馆

唐玄宗经常派官员去江南捕来水鸟，养在宫中以供玩乐。刺史倪若水上谏表示江南百姓忙于耕作，捕获水鸟会劳民伤财。于是唐玄宗听取谏言，将鸟放生，不再采捕。

解网施仁

选自《帝鉴图说》法文外销画绘本 （明）佚名 收藏于法国国家图书馆

据记载，商汤有次外出时，在林中看到一个农夫在东南西北四处都布了网捕鸟，心怀仁厚的汤便劝说农夫对鸟兽也要有仁慈之心，最后农夫只留下了一面网捕鸟，这也是"网开一面"的由来。

六

戊戌①，天子西游，射于中□②。方落草木鲜③，命虞人掠林除薮④，以为百姓材⑤。是日也，天子北入于邴⑥，与井公博⑦，三日而决⑧。

【注释】

① 戊戌：十月初十。距前"丁酉"已过一日。

② 射于中□："中□"或为地名，应是一片草木丛生的林地。具体不详。

③ 方落草木鲜（xiǎn）：正值草木凋零之季。鲜，少，此处指树木已枯。

④ 掠林除薮：砍伐林中干枯的树木，清除沼泽中的杂草。

⑤ 以为百姓材：将其作为百姓生火的材料。

⑥ 邴（bǐng）：地名。具体位置不详。

⑦ 博：下棋博弈。

⑧ 三日而决：三天才分出胜负。

【译文】

十月初十，周穆王在中□打猎。时值草木凋零之季，周穆王命令虞官砍伐林中干枯的树木，清除沼泽中的杂草，并将它们送给百姓作为生火的材料。这一天，周穆王向北到达了邥地，与井公利下棋博弈，三天才分出胜负。

文娱

捕鱼

观戏

耕罢

骑牛　　　　　　　　　　　　婴戏

试射　　　　　　　　　　　　戏耍

《太平乐事》册

（明）戴进　收藏于中国台北"故宫博物院"

画册共描绘了十个不同的场景。其中既有渔樵耕织，又有日常生活中的娱乐活动，包括宴饮、观戏、欣赏杂技等。

七

辛丑①，塞②，至于台③，乃大暑除④。天子居于台，以听天下之⑤。远方□之数⑥，而众从之，是以选扐⑦，乃载之神人⑧。□之能数也⑨，乃左右望之⑩。天子乐之，命为□而时□焉⑪。□其名曰□公去乘人□犹⑫。

【注释】

① 辛丑：穆王十四年七月初五。

② 塞：塞口。此前疑脱文"绝□□之"，"□□"为地名。译文以省略号替代。

③ 台：高台，并非范宫以西的新建之台。

④ 大暑除：大暑已经过去。除，消除。大暑，一年之中最炎热的节气。

⑤ 以听天下之：此句后疑脱"政"，应为"以听天下之政"，即听取处理天下的政事。

⑥ 远方□之数：此处阙文有作"人"，为"远方人之数"，即有位从远方而来的人擅长术数。但这样上下句就有点逻辑不通，疑前或有脱文，无考，以省略号代替。

⑦ 选扐（lè）：古代用蓍（shī）草卜筮（shì）的一种方法。

⑧ 载之神人：把他当神人一样拥戴。载，通"戴"，尊奉，拥戴。

⑨ □之能数也：阙文或为"曰"，认为他算得非常准确。

⑩ 左右望之：站在高台上左顾右盼，观望云气风水。

⑪ □而时□焉：此句阙文无实考。大意是周穆王封他某个官职，让其时常占卜。

⑫ □其名曰□公去乘人□犹□：此句阙文甚多，不可强解，译文以省略号代替。

【译文】

穆王十四年七月初五，……到达高台。此时，大暑已过，周穆王居住在高台，听取和处理天下的政事……有位从远方而来的人擅长术数，众人很信任他。他能用蓍草卜筮以算吉凶，人们都把他当神人一样拥戴，说他算得很准。他站在高台上环顾左右，观望云气风水。周穆王也非常喜欢他的术数。于是封他为……

甲骨文

甲骨文是一种古老的文字,又叫"卜辞""龟甲兽骨文",主要用来记录占卜活动。

甲骨文
收藏于中国台北"故宫博物院"

商殷王武乙贞问祭祀先王刻辞卜骨
收藏于北京故宫博物院

八卦的起源与发展

八卦是八种代表自然界规律的符号,乾代表天,坤代表地,巽代表风,震代表雷,坎代表水,离代表火,艮代表山,兑代表泽。八卦除了用于占卜,还代表了早期中国哲学思想。

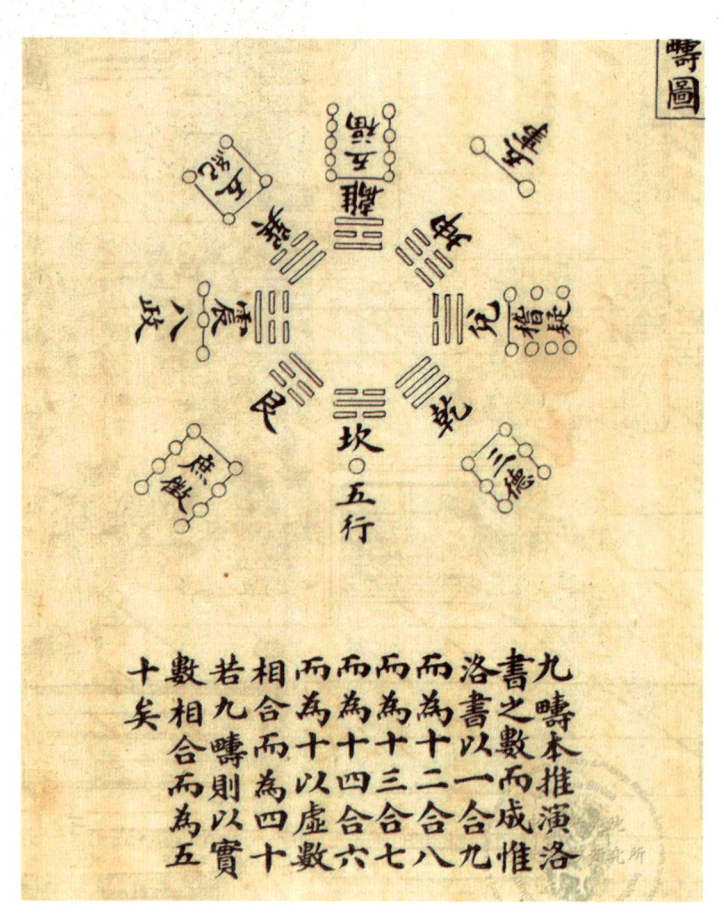

天锡九畴图

选自《钦定书经图说》清印本　（清）孙家鼐、张百熙等

图中所示为八卦的名称及其对应的符号。

诞受羑若图

选自《钦定书经图说》清印本 （清）孙家鼐、张百熙等

周文王被商纣王囚禁羑里后，在狱中将八卦推演为六十四卦，然后写出了《周易》。后人为纪念此事，在羑里建了一座文王庙。

八

有虎在于葭中①。天子将至,七萃之士曰高奔戎请生搏虎②,必全之③。乃生搏虎而献之天子④。天子命为柙⑤,而畜之东虢⑥,是曰虎牢⑦。天子赐奔戎畋马十驷⑧,归之太牢⑨。奔戎再拜稽首⑩。

【注释】

① 有虎在于葭（jiā）中：此为周穆王在林中狩猎之事。此段与上文断裂,只为一事场景,具体时间不能确定。此句意为有老虎在芦苇丛中。

② 请生搏虎：请求活捉老虎。

③ 必全之：一定要保全老虎的皮毛。

④ 乃生搏虎而献之天子：有作"乃生搏虎而献之"。下句有"天子"二字,不补"天子"二字也可。

⑤ 命之为柙（xiá）：命令将老虎关在笼子里。柙,关猛兽的笼槛（jiàn）。

⑥ 畜（xù）之东虢（guó）：把老虎放在东虞兔台饲养。畜,饲养禽兽。东虢,周朝诸侯国,位于河南荥阳一带。

⑦ 是曰虎牢：将此命名为"虎牢"。今在河南荥阳汜水镇。

⑧ 畋马十驷：四十匹可骑着打猎的马。

⑨ 归（kuì）之太牢：赏赐他用于祭祀的牛、羊、猪。归，通"馈"，赠送。太牢，古代祭祀时盛放牺牲的器具叫牢，大的叫太牢，也把牛、羊、猪三牲全备称作太牢。

⑩ 諙（qǐ）首：同"稽首"。

【译文】

有老虎在芦苇丛中躲藏，周穆王快要到达时，禁军卫士高奔戎请求活捉老虎，这样便可以保全老虎的皮毛不至受损。于是他活捉了这只老虎，并献给周穆王。周穆王命人将老虎关在笼子里，送到东虢饲养，这里便被称为"虎牢"。周穆王赏赐给高奔戎四十匹可骑着打猎的马，还把祭祀后的牛、羊、猪供品也给了他。高奔戎叩头至地，拜了两次。

伏羲画八卦图
选自《人物图》册　（明）郭诩　收藏于上海博物馆
伏羲是华夏民族的人文先始，相传伏羲在研究动物背上的花纹时，参悟了天地万物的变化始为阴阳，由此画出了八卦图。

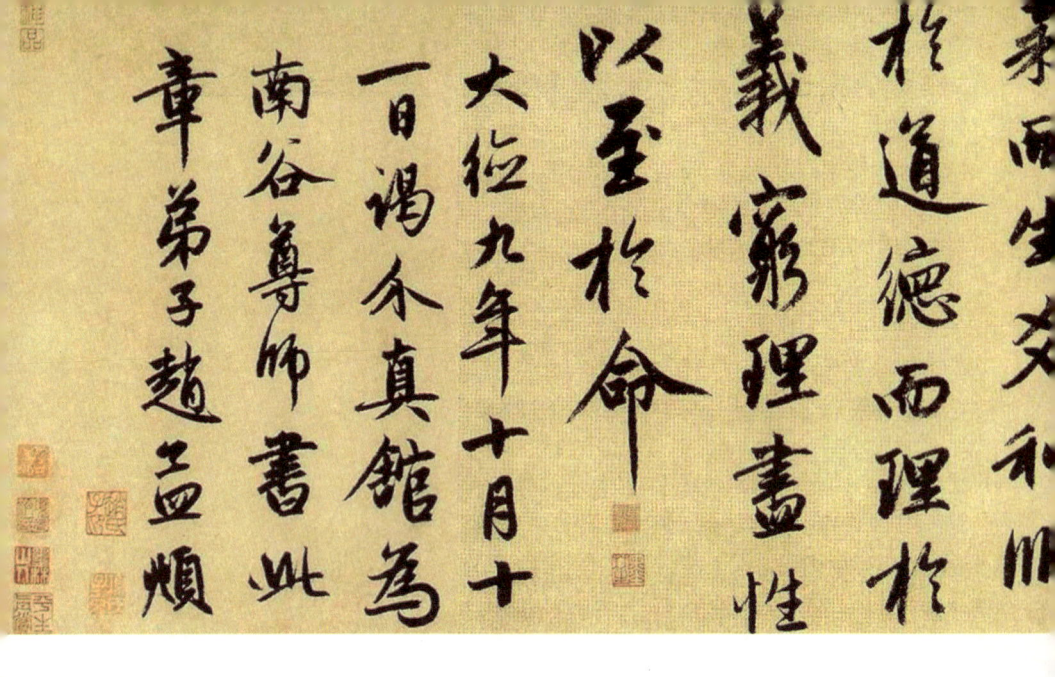

九

　　丙辰①，天子北游于林中，乃大受命而归②。仲秋甲戌③，天子东游，次于雀梁④，□蠹书于羽陵⑤。季秋□⑥，乃宿于厉⑦。毕人告戎⑧，曰："陵翟来侵⑨。"天子使孟忿如毕讨戎⑩。霍侯旧告甍⑪，天子临于军丘⑫，狩于薮⑬。

【注释】

① 丙辰：七月二十日。距前"辛丑"已过十五日。

② 大受命而归：接受天命而返回。疑"大受命"为"受大命"之讹误。大命，即天命。

③ 甲戌：八月初九。距前"丙辰"已过十八日。

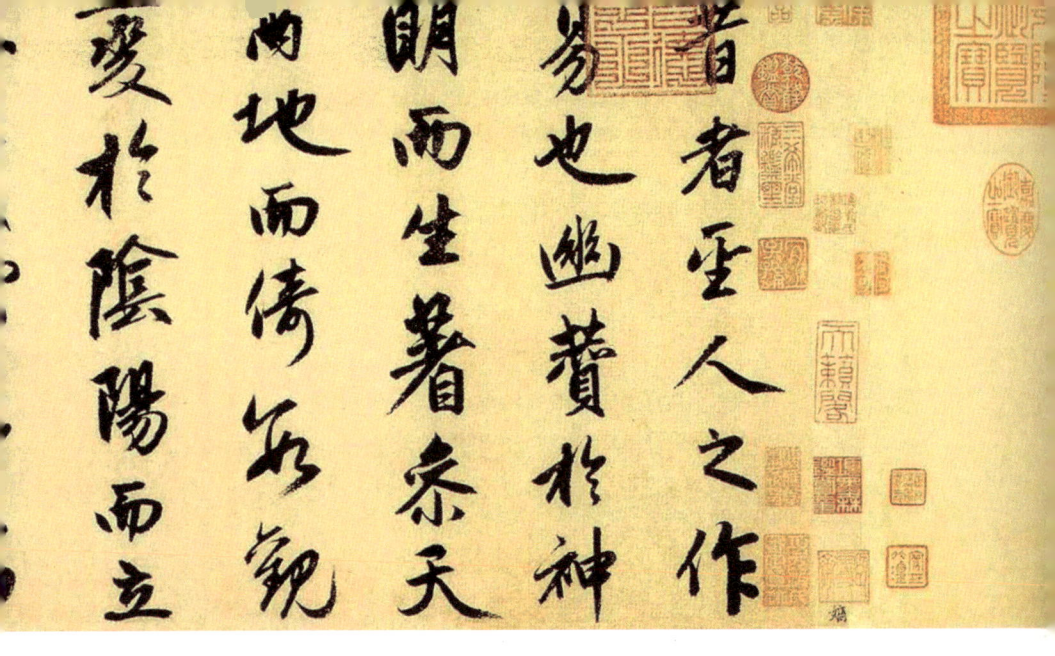

行书《周易·系辞》

赵孟頫　收藏于北京故宫博物院

选自《周易·说卦传》第一章:"昔者圣人之作易也,幽赞于神明而生蓍,参天两地而倚数,观变于阴阳而立卦,发挥于刚柔而生爻,和顺于道德而理于义,穷理尽性,以至于命。"说的是往昔圣人创作《周易》时,感叹自然的神奇,并创造出蓍草来感应自然,进行占卜,不断去探究万物的道理,认知各种命理趋势。

④ 次于雀梁:在军丘停留。次,旅行(行军)所居止之处所,一般停留两日及以上。

⑤ □蠹(dù)书于羽林:此处阙文,应为"曝"。曝,曝晒。蠹,书中的蛀虫。羽林,地名,在雀梁附近。

⑥ 季秋□:此处阙文,必为干支纪日,有一说为"甲辰",此处仍空缺。

⑦ 㤄:即"房",地名。约在今河南中牟东。

⑧ 毕人告戎:毕国人告发戎人。戎人,这里指下句提及的陵翟人。

⑨ 陵翟来侵:陵翟人入侵。陵翟,国名。

⑩ 使孟怨（yù）如毕讨戎：命令孟怨前往毕国讨伐戎人。孟怨，周穆王的大夫。从"毕人告戎"一直到此句，应在"陵翟致赂"一事之前，放在该处明显逻辑不通，时间事件错乱。若以《竹本纪年》载"（穆王十四年）秋九月，翟人侵毕"，则与本卷（一）的时间发生冲突。此外，卷首有大量阙文，或许关于此事的具体过程在佚失的阙文中。只能等考古发现该阙文后，方能捋顺。译文暂依现有原文。

⑪ 霍侯旧告薨（hōng）：霍侯旧去世。霍侯旧，西周时的霍国国君，侯爵，姬姓，名旧。薨，死亡。周朝时，天子去世称"崩"，诸侯去世称"薨"。

⑫ 临（lìn）于军丘：到军丘哭吊。临，哭吊。军丘，地名，或在今山西霍州一带。

⑬ 狩于薮：在林薮中打猎。

【译文】

七月二十日，周穆王向北巡游来到树林之中，接受了天命返回。仲秋八月初九，周穆王向东巡游，到达雀梁，在羽陵曝晒书中的蛀虫。九月，他在房地留宿。毕国人前来告发戎人，说："陵翟人入侵。"周穆王命令孟怨前往毕国讨伐戎人。霍国国君旧去世，周穆王到军丘哭吊，后又到林薮中打猎。

十

季冬甲戌①，天子东游，饮于留祈②，射于丽虎③，读书于菞丘④。□⑤献酒于天子，乃奏广乐。天子遗其灵鼓⑥，乃化为黄蛇⑦。是日，天子鼓⑧，道其下而鸣⑨，乃树之桐⑩。以为鼓则神且鸣⑪，则利于戎⑫；以为琴，则利□⑬。于黄泽⑭。天子东游于黄泽⑮，宿于曲洛⑯。废□⑰，使宫乐谣⑱，曰："黄之池⑲，其马歕沙⑳，皇人威仪㉑；黄之泽㉒，其马歕玉㉓，皇人寿榖㉔。"

【注释】

① 季冬甲戌：干支纪日。或为穆王十四年十一月十一日；或为穆王十三年十二月五日。

② 留祈：地名。应在范宫以东，具体位置不详。

③ 丽虎：地名。应在范宫以东，具体位置不详。

④ 菞（lí）丘：地名。具体位置不详。

⑤ □：此处阙文不为献酒之人，应为菞丘之人。

⑥ 遗其灵鼓：丢了他的灵鼓。遗，遗失，丢失。灵鼓，一种古代乐器，祭地祇用，有六面鼓，也有四面鼓。

⑦ 化为黄蛇：幻化成黄色大蛇。

⑧ 鼓：击鼓。

⑨ 道其下而鸣：从地下传出鼓声。

⑩ 乃树之桐：于是在发出鼓声的地方栽上桐树。

⑪ 以为鼓则神且鸣：以此桐木做鼓便会有神奇的鸣声。

⑫ 利于戎：有利于戎马之事。

⑬ 以为琴则利□：此处阙文为"于乐"。以为琴则利于乐，意思是以此桐木做琴，便有利于礼乐之事。

⑭ 于黄泽：此句前或疑脱"□□（干支纪日），天子至"。

⑮ 东游于黄泽：向东巡游到黄泽之地。

⑯ 曲洛：地名。具体位置不详。

⑰ □：此处阙文。一说为"具"，通"悬"，即悬挂的乐器，如钟、磬等。据下文"使官乐谣"，此说可参。

⑱ 使官乐谣：让主管音乐的官吏清唱。官乐，主管音乐的官吏。

⑲ 黄之池：地名。在今河南封丘西南。

⑳ 歕（pēn）沙：喷出的气像沙子一样。

㉑ 皇人威仪：皇亲国戚，仪容威严。皇人，帝王的亲族。威仪，威严的仪容。

㉒ 黄之泽：湖泽名。

㉓ 歕（pēn）玉：喷出的气如沙子一般。

㉔ 皇人寿榖：皇亲国戚，长寿福禄。

【译文】

　　季冬甲戌，周穆王向东巡游，在留祈饮酒，在丽虎射猎，在菢丘读书。菢丘人向周穆王进献美酒，于是周穆王命人演奏盛大的乐曲。周穆王丢了灵鼓，认为它化成了黄色大蛇。这一天，周穆王击鼓，从地下传出了鼓声，于是就在发出鼓声的地方栽上桐树。以此桐木做成的鼓，会发出神奇的声音，这种声音有利于戎马之事；以此桐木做成的琴，有利于礼乐之事。周穆王到达黄泽后，向东巡游了黄泽之地，并在曲洛留宿过夜。周穆王命令乐官清唱歌谣，乐官唱道："黄池，这儿的马喷出的气像沙子一样，皇亲国戚，仪容威严；黄泽，这儿的马喷出的气如沙子一般，皇亲国戚，长寿福禄。"

十一

丙辰①,天子南游于黄室之丘②,以观夏后启③之所居。乃□于启室④。天子筮猎苹泽⑤,其卦遇讼(☱☰)⑥,逢公占之⑦,曰:"讼之繇⑧:薮泽苍苍⑨,其中□□⑩;宜其正公⑪,戎事则从⑫,祭祀则憙⑬,畋猎则获⑭。"□⑮饮逢公酒,赐之骏马十六,绨纻⑯三十箧。逢公再拜稽首。赐筮史狐□⑰:"有阴雨,梦神有事⑱,是谓重阴⑲。"天子乃休。

【注释】

① 丙辰:干支纪日。若"季冬甲戌"为穆王十四年十一月十一日,则此为十二月二十三日。距前已过四十二日。

② 黄室之丘:地名。即黄台之丘、钧台,位于河南禹州一带。现有出土文物证实,河南禹州瓦店存在大型龙山文化晚期遗址,面积达一百万平方米,夏启的都城阳翟可能就位于禹州瓦店。

③ 夏后启:即夏启。大禹之子,夏朝的第一位君主,是中国历史上由"禅让制"变为"世袭制"的第一人。

④ 乃于启室:此处阙文,应为"祭"。乃祭于启室,来到夏启故居祭拜。

⑤ 筮猎苹泽:在去苹泽进行狩猎前占卜。筮猎,在狩猎

三兆习吉图
选自《钦定书经图说》清印本　（清）孙家鼐、张百熙等

《礼记·表记》中记载："殷人尊神,率民以事神,先鬼而后礼。"这说明在殷商晚期,君王在处理各项事务前,都要先进行占卜,然后根据占卜结果来判断吉凶祸福,最后会将所卜之事刻在龟甲或兽骨上。

大事卜吉图
选自《钦定书经图说》清印本 （清）孙家鼐、张百熙等

《史记·齐太公世家》中记载，周文王梦见一只生有双翅的熊飞进自己怀中。第二天他让人占卜，卦象显示有贤人将来周，后来果真在渭水边找到了号称"飞熊"的姜尚。

之前占卜吉凶。苹泽，地名。

⑥ 讼（䷅）：讼卦，《周易》卦名。此卦是异卦相叠，上卦为乾，乾为天；下卦为坎，坎为水。遇此卦，不利于涉大川。

⑦ 占之：释卦。

⑧ 䌛（yáo）：通"爻"，古代占卜的文辞。

⑨ 薮泽苍苍：湖泽苍茫广阔。薮泽，长满水草的湖泽。苍苍，苍茫广阔。

⑩ 其中□□：此处阙文，卦辞不可推测。译文暂缺。

⑪ 宜其正公：有利于正公，有利于居尊位的大人。正公，周朝三上公，位在诸侯之上。

⑫ 戎事则从：戎马、狩猎之事就会顺利。

⑬ 祭祀则憙（xǐ）：祭祀之事就会吉祥。憙同"喜"，幸福、吉祥之意。

⑭ 畋猎则获：打猎就会有收获。

⑮ □：此处阙文，必为"天子"二字。

⑯ 绤（chī）纻（zhù）：绤，细葛布；纻，粗麻布。此处指葛麻精品。

⑰ 赐筮（shì）史狐□：此处阙文较多，大体意思为周穆王赐给筮史狐某物，筮史狐便说起了后文之语。筮史，即巫和史，古代巫、史合一，掌占卜与记事。狐，人名。先是逢公进行占卦，后有狐筮卜，均为周穆王是否可以狩猎一事。

⑱ 梦神有事：梦见神灵有祭祀之事。

⑲ 是谓重阴：这被称为重阴。

【译文】

　　丙辰这一天，周穆王向南巡游到达黄台之丘，并观看了夏启居住过的地方，又在这里进行了祭拜。周穆王为去苹泽打猎的吉凶而占卜，卦象是上乾下坎的讼卦。逢公释卦说："讼卦的爻辞说湖泽苍茫广阔，其中□□；有利于居尊位的大人，进行戎马、打猎之事就会顺利，祭祀之事就会吉祥，打猎就会有收获。"周穆王请逢公固饮酒，又赏赐给他十六匹骏马，三十箱葛麻细布。逢公固伏地跪拜了两次。周穆王赏赐筮史狐□□，狐说："天有阴雨，梦见神灵有祭祀之事，这被称为重阴。"于是周穆王选择了休息。

十二

　　日中大寒[1]，北风雨雪，有冻人[2]。天子作诗三章以哀民[3]。曰："我徂黄竹[4]，□负阆寒[5]，帝收九行[6]；嗟我公侯[7]，百辟冢卿[8]，皇我万民[9]，旦夕勿忘[10]。我徂黄竹，□负阆寒，帝收九行；嗟我公侯，百辟冢卿，皇我万民，旦夕勿穷[11]。有皎者鵅[12]，翩翩其飞[13]；嗟我公侯，□勿则迁[14]；居乐甚寡[15]，不如迁土[16]，礼乐其民[17]。"天子曰："余一人则淫[18]，不皇万民[19]。"□登[20]，乃宿于黄竹。天子梦羿射于涂山[21]，邹公占之，疏□之□[22]。乃宿于曲山[23]。壬申[24]，天子西升于曲山。

【注释】

① 日中大寒：春分这天的天气十分寒冷。日中，即春分。穆王十五年二月初三。距"丙辰"已过三十九日。

② 冻人：冻死的人。

③ 哀民：哀悼百姓。

④ 我徂（cú）黄竹：我前往黄竹。黄竹，地名，或在黄泽附近。徂，去往，前往。

⑤ □负阕（bì）寒：此处阙文，或为"雪"。雪负阕寒，即大雪纷纷落下，天气极为寒冷。负，或通"陨"，下落。阕，酷寒。

⑥ 帝收九行：天帝收回九州的道路。形容雪十分大，道路上都覆盖着厚厚的白雪。九行，九州的道路。

⑦ 嗟我公侯：告诫我的王公诸侯。嗟，告诫。

⑧ 百辟冢卿：各位诸侯宰臣。百辟，周朝册封的诸侯国君，有些不是姬姓。冢卿，又称"孤卿""冢宰""太宰"，是周朝宫廷中执掌国政的大臣，地位极高。

⑨ 皇（kuāng）我万民：匡扶我众多的百姓。皇，通"匡"，匡扶。

⑩ 旦夕勿忘：每日都不要忘记。旦夕，早晨和晚上。

⑪ 旦夕勿穷：每日都不要困顿。

⑫ 有皎者鹭（lù）：有洁白的鹭鸶。皎，羽毛洁白。鹭，同"鹭"。《说文》载："白鹭也，亦省作鹭。"

⑬ 翩翩其飞：轻盈地飞翔。

⑭ □勿则迁：按照文例，应为"百辟冢卿，旦夕勿迁"。

每日都不要迁移惦念百姓的心。

⑮ 居乐甚寡：居处之地礼乐少。

⑯ 不如迁土：不如移居到他方。

⑰ 礼乐其民：用礼乐教化民众。

⑱ 淫：沉溺，指纵意游乐。

⑲ 不皇万民：不能匡扶百姓。

⑳ □登：此处阙文，或为"乃"字。"乃登"，于是起程上路。

㉑ 梦羿（yì）射于涂山：梦见夏羿在涂山射猎。涂山，其具体位置有三说，一说为今安徽怀远县东南；一说为今重庆巴县；一说为今浙江绍兴县西北。此处为周穆王的梦境，具体不可知。

㉒ 疏□之□：此处阙文，或为"疏梦之由"，解释梦的缘由。

㉓ 曲山：山名。具体位置不详。大致在今河南中部自嵩山至西北部的九阿之间。

㉔ 壬申：三月初十。距前"日中"已过三十七日。

建立卜筮图

选自《钦定书经图说》清印本 （清）孙家鼐、张百熙等

周武王在出兵伐纣前，按照惯例进行占卜，结果卦象显示不吉，这时风雨雷电又接踵而至，大家都十分恐惧，连周公也说："天不佑周矣！"在这关键时刻，姜太公推开占蓍，脚踩龟壳大骂："枯骨死草，何知吉凶？"于是大军按原计划出发，与各诸侯会师孟津。

【译文】

　　春分这天，天气十分寒冷，北风呼啸，大雪纷飞，路上能看见冻死的人。周穆王便写了三章诗歌来哀悼百姓。上面写道："我前往黄竹，大雪纷纷落下，天气极为寒冷，天帝收回九州的道路；告诫我的公卿、诸侯和宰臣，匡扶百姓，每日都不要忘记。我前往黄竹，大雪纷纷落下，天气极为寒冷，天帝收回九州的道路；告诫我的公卿、诸侯和宰臣，匡扶百姓，每日都不要困顿。洁白的鹭鸶，轻盈地飞翔，告诫我的公卿、诸侯和宰臣，每日都不要迁移惦念百姓的心。居处之地礼乐少，不如移居到他方。用礼乐来教化民众吧！"周穆王说："我自己这样沉溺游乐，不能匡扶百姓。"于是起程上路，在黄竹留宿。周穆王梦见夏羿在涂山射猎。邹公为他占梦，解释了做梦的缘由，于是周穆王就住在了曲山。三月初十这天，周穆王从西面登上曲山。

十三

　　□①，天子西征，升于九阿②，南宿于丹黄③。戊寅④，天子西升于阳□⑤，过于灵□井公博⑥。乃驾鹿以游于山上，为之石主⑦。而□寰辂⑧，乃次于洭水之阳⑨。吉日丁亥⑩，天子入于南郑。

【注释】

① □：此处阙文，应为干支纪日。具体日期不明。

② 九阿：地名，可能在河南新安县，非孟门山九阿山坡。

③ 丹黄：地名。具体位置不详。

④ 戊寅：三月十六日。距前"壬申"已过六日。

⑤ 阳□：此处阙文。有说法认为是脱了"山"字。阳山，在黄河北岸，或在山西与河南交界处。

⑥ 过于灵□井公博：此处阙文，应不止一字。大意是路过灵□与井公利对弈。

⑦ 石主：用石头刻成的神主。古代祭祀，刻石像以代社稷之神。

⑧ 而□寞铃（diān líng）：此处阙文，疑为"越"。寞铃，地名，在今山西平陆县东北。

⑨ 浥（dòu）水之阳：浥水河的北岸。浥水，水名。源出中条山麓，入黄河。

⑩ 丁亥：三月二十五日。距前"戊寅"已过九日。

【译文】

□□这一天，周穆王向西巡行，登上了九阿，之后南行，在丹黄留宿。三月十六这一天，周穆王向西登上了阳山，路过灵□，与井公利对弈，之后又驾鹿车到山上游览，并在山上用石头刻了神主像。后来又越过寞铃，宿于浥水北岸。三月二十五这一天是个吉日，周穆王回到了南郑。

卷六

穆天子传

导读

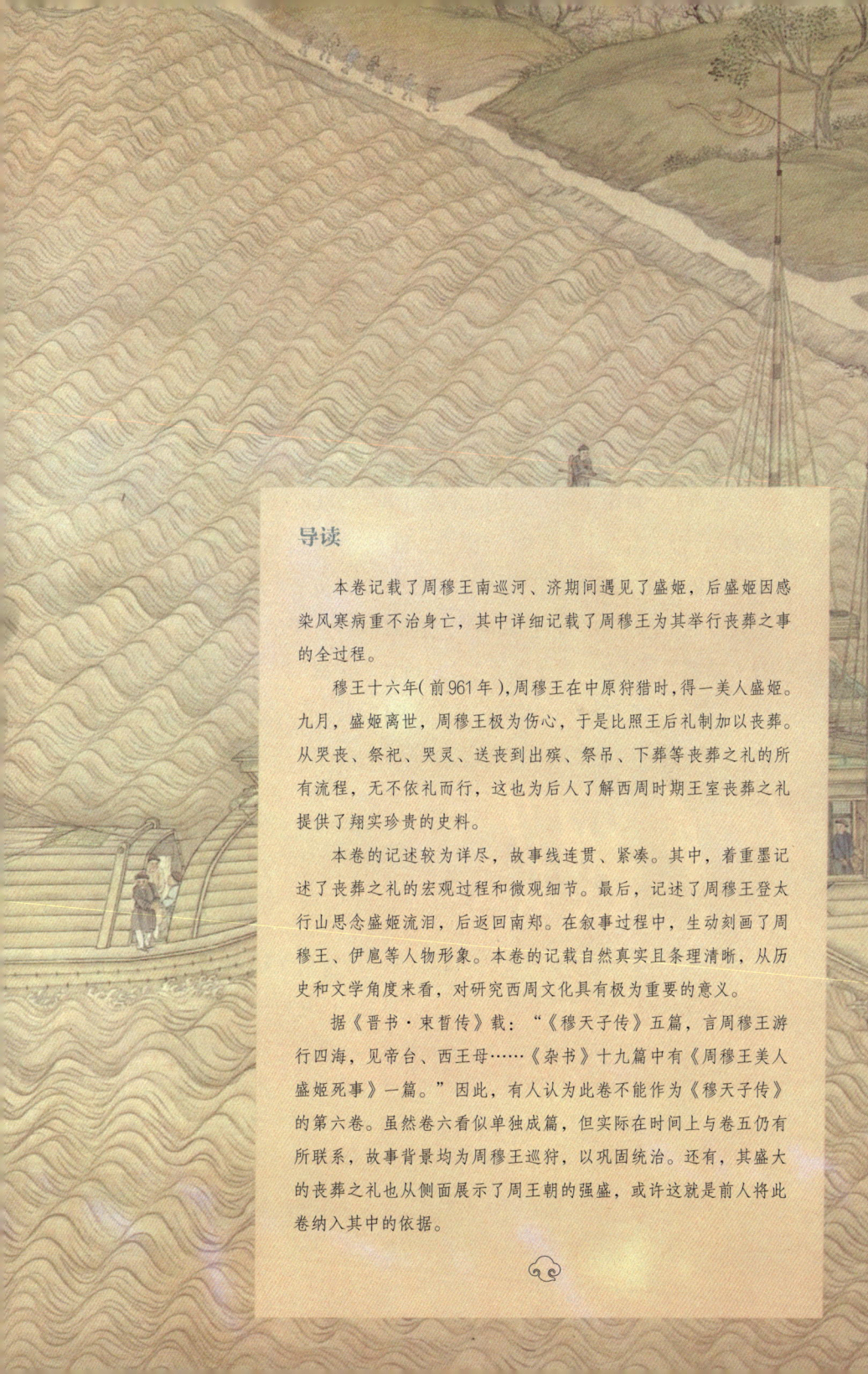

本卷记载了周穆王南巡河、济期间遇见了盛姬,后盛姬因感染风寒病重不治身亡,其中详细记载了周穆王为其举行丧葬之事的全过程。

穆王十六年(前961年),周穆王在中原狩猎时,得一美人盛姬。九月,盛姬离世,周穆王极为伤心,于是比照王后礼制加以丧葬。从哭丧、祭祀、哭灵、送丧到出殡、祭吊、下葬等丧葬之礼的所有流程,无不依礼而行,这也为后人了解西周时期王室丧葬之礼提供了翔实珍贵的史料。

本卷的记述较为详尽,故事线连贯、紧凑。其中,着重墨记述了丧葬之礼的宏观过程和微观细节。最后,记述了周穆王登太行山思念盛姬流泪,后返回南郑。在叙事过程中,生动刻画了周穆王、伊扈等人物形象。本卷的记载自然真实且条理清晰,从历史和文学角度来看,对研究西周文化具有极为重要的意义。

据《晋书·束皙传》载:"《穆天子传》五篇,言周穆王游行四海,见帝台、西王母……《杂书》十九篇中有《周穆王美人盛姬死事》一篇。"因此,有人认为此卷不能作为《穆天子传》的第六卷。虽然卷六看似单独成篇,但实际在时间上与卷五仍有所联系,故事背景均为周穆王巡狩,以巩固统治。还有,其盛大的丧葬之礼也从侧面展示了周王朝的强盛,或许这就是前人将此卷纳入其中的依据。

一

之虚①，皇帝之间②。乃□先王九观③，以诏后世。己巳④，天子□征⑤，舍于菹台⑥。辛未⑦，猎菹之兽⑧，于是白鹿一逐槖逸出走⑨。天子乘渠黄之乘驰焉。□⑩。天子丘之⑪，是曰五鹿⑫。官人之□是丘⑬。□其皮⑭，是曰□皮⑮。□其脯⑯，是曰□脯⑰。天子饮于漯水⑱之上，官人膳鹿⑲，献之。天子美之⑳，是曰甘。癸酉㉑，天子南祭白鹿于漯□㉒，乃西饮于草中㉓。大奏广乐，是曰乐人。

【注释】

① 之虚：到达某地的遗址。此前有大量脱文。推测为周穆王于某日到达了某处的遗址。

② 皇帝之间（lǘ）：一说为前代帝王的故居；一说为黄帝的故居。间，本指乡里，此指故居。

③ □先王九观：此处阙文，应为"铭"。刻先王九观，在石碑上铭刻周文王《易》的"九观"。先王，此处指周文王。观，《周易》卦名。《周易》载，观卦有九种卦象，合称为"九观"。

④ 己巳：干支纪日。或为穆王十六年九月十六日。盛姬死是穆王十六年的事。

⑤ □征：此处阙文，应为"南"。依下文，周穆王的行程应为南行。

⑥ 菹（zū）台：地名。具体位置不详。菹，多水草的沼泽地带。菹台附近或多沼泽，因此得名。

⑦ 辛未：九月十八日。距前"己巳"已过二日。

⑧ 猎菹之兽：狩猎菹台的野兽。

⑨ 白鹿一逻桼（è chéng）逸出走：一只白鹿撞开车子出逃。逻，相遇。桼，古"乘"字，车子。逸，逃逸。

⑩ □：此处阙文，可能不止一字，大意为在某处虏获了白鹿。

⑪ 丘之：为所在之丘命名。

⑫ 五鹿：地名。在今河南濮阳。五鹿，有二说，一为晋地，亦名五鹿墟、沙鹿（麓），在今河北大名县东；一为卫地，在今河南濮阳北略偏东，即晋文公乞食之处。依下文"天子饮于渌（tà）水之上"，可知五鹿乃在今河南濮阳。

⑬ 官人之□是丘：有说法认为，此处阙文为"膳"字。

⑭ □其皮：此处阙文，或为"取"，指剥掉白鹿的皮。

⑮ □皮：此处阙文，无考，不可臆测。

⑯ □其脯：此处阙文，或为"割"，指割下白鹿胸前的肉。

⑰ □脯：此处阙文，无考，不可臆测。

⑱ 渌（tà）水：水名，为古黄河支流。源出今河南濬县西南，东北流经濮阳而入今山东范县。

⑲ 膳鹿：烹制白鹿。

⑳ 美之：认为鹿肉很美味。

㉑ 癸酉：九月二十日。距前"辛未"已过二日。

㉒ 漯□：此处阙文或为"水之上"。

㉓ 草中：草野之中。

【译文】

　　……周穆王前往某处遗址及前代帝王的故居，还在那里铭刻了周文王《易》中的"九观"，用来告诫后世子孙。穆王十六年九月十六日，周穆王向南巡行，在菹台过夜。九月十八日，周穆王在菹地猎捕野兽，当时有一只白鹿撞车出逃。周穆王便乘坐由名叫渠黄的骏马拉的车乘前去追

《获鹿图》

(五代) 李赞华　收藏于美国纽约大都会艺术博物馆

该图描绘了猎人在骑马射鹿的场景，可以看出被追的鹿正一边仰头嘶鸣一边全力奔逃。《史记·淮阴侯列传》中记载："秦失其鹿，天下共逐之。"由此可见历代帝王都喜欢狩鹿，以此展现自己逐鹿中原的雄心壮志。

逐，在某地的山丘房获了逃逸的白鹿，周穆王遂将这座山丘命名为"五鹿"。馆舍官吏来到这个山丘，剥下鹿皮，称为"□皮"；割下白鹿胸前的肉，称为"□脯"。周穆王在漯水上饮酒，馆舍官吏烹制鹿肉，献给他。周穆王认为鹿肉很美味，便将当地命名为"甘"。九月二十日，周穆王用白鹿做牺牲，向南祭祀漯水，又在漯水西边的草野中饮酒，还演奏了盛大的乐曲，并把那里命名为"乐人"。

二

甲戌①，天子西北口②。姬姓也，盛柏之子也③。天子赐之上姬之长④，是曰盛门⑤。天子乃为之台⑥，是曰重璧之台⑦。戊寅⑧，天子东田于泽中⑨。逢寒，疾⑩。天子舍于泽中，盛姬告病⑪。天子怜之，口⑫泽曰寒氏。盛姬求饮，天子命人取浆而给⑬，是曰壶锡⑭。天子西至于重璧之台，盛姬告病口⑮。天子哀之，是曰哀次⑯。天子乃殡⑰盛姬于穀丘之庙⑱。

【注释】

① 甲戌：九月二十一日。距前"癸酉"已过一日。

② 口：此处阙文，或为"征，至于盛，盛柏尝献女"。意为周穆王向西北巡行至盛国，盛国伯爵把一位美女献给了周穆王。盛，通"郕"，西周小国，周武王封弟叔武（周文王第七子武）于此。

③ 子：此处指女儿。

④ 上姬之长：封盛伯为姬姓族长，位列诸姬姓国君之上。

⑤ 盛门：高门望族。

⑥ 为之台：为她筑高台。

⑦ 重璧之台：即重璧台，言其台状如垒璧。《竹书纪年》

载："穆王十五年，作重璧台。"

⑧ 戊寅：九月二十五日。距前"甲戌"已过四日。

⑨ 东田于泽中：在湖泽中打猎。

⑩ 疾：生病。指盛姬感染风寒。

⑪ 告病：告诉周穆王生病不能前往陪同打猎。

⑫ □：此处阙文，或为"是"，指给湖泽命名。

⑬ 取浆而给：取来酢（zuò）浆给盛姬喝。浆，酢浆，一种微酸的饮品，似今之醪糟类饮品。

⑭ 壶𨧀（chuán）：器物名，一种饮水用的小杯子。

⑮ □：此处阙文，或为"殁""亡"，指盛姬因病重而去世。

⑯ 哀次：地名。即周穆王哀悼盛姬的地方。

⑰ 殡：停柩待葬。

⑱ 榖（gǔ）丘之庙：榖丘的宗庙。榖丘，地名，具体位置不详。

【译文】

九月二十一日，周穆王向西北巡狩到达盛国。盛国伯爵献上了一位美女。女子姓姬，是盛伯的女儿。于是，周穆王封盛伯做了姬姓的族长，其位在诸姬姓国君之上，因此称为"盛门"。周穆王为盛姬建高台，取名"重璧台"。九月二十五日，周穆王向东巡狩，在菹泽中狩猎，盛姬受了风寒生了病。周穆王便住在了菹泽中，盛姬告诉周穆王生病不能前往陪同打猎。周穆王怜爱她，命名菹泽为"寒氏"。

《周颂清庙之什图》（局部）
马和之（南宋） 收藏于辽宁省博物馆

全图描绘的是周朝祭祀天地祖先的场景。此为图卷的第九段《执竞》，赞美了周朝开拓疆土的伟业，其中"钟鼓喤喤，磬筦将将"描写的是祭祀仪式上四种乐器的声音。

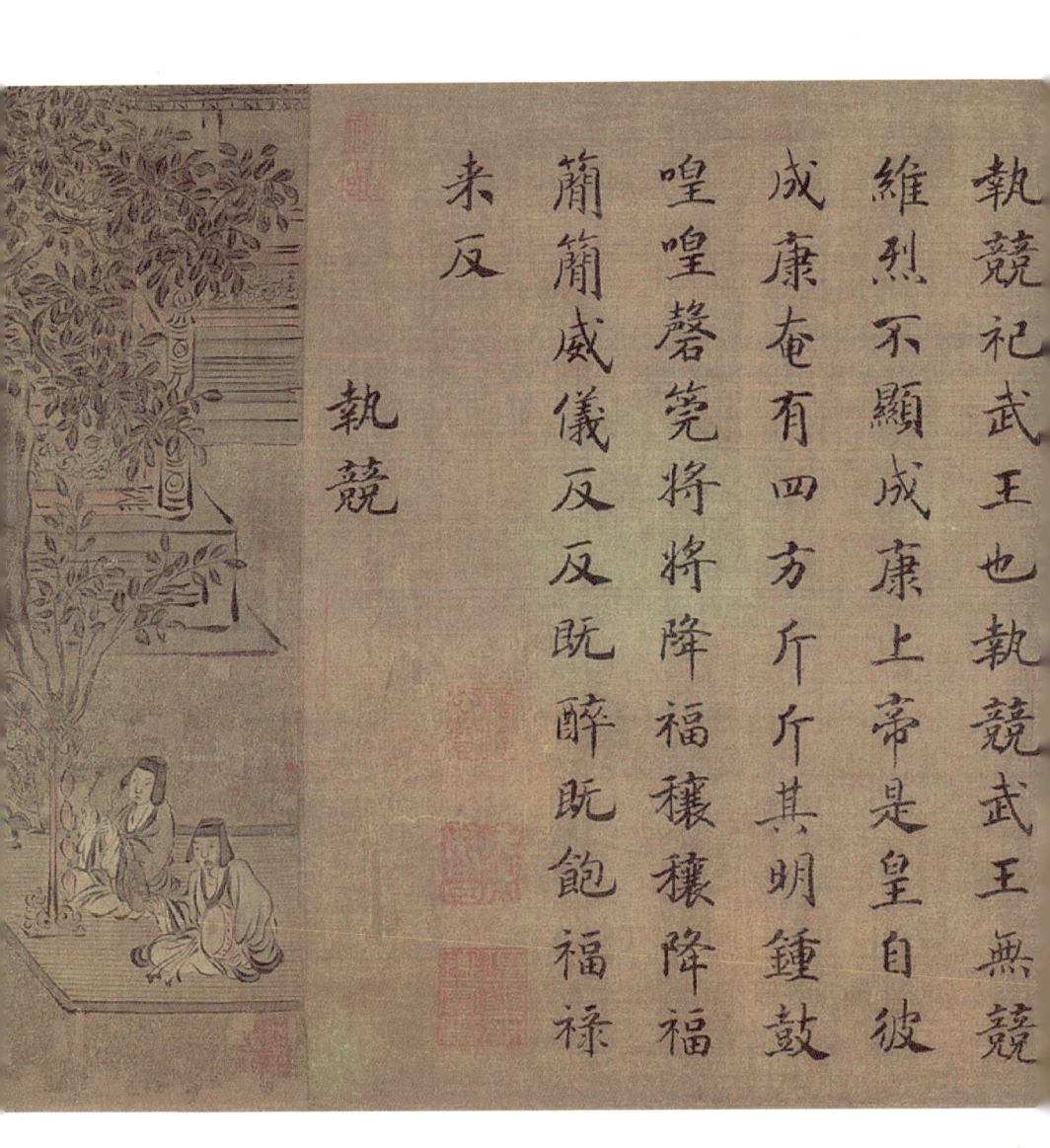

執競祀武王也執競武王無競
維烈不顯成康上帝是皇自彼
成康奄有四方斤斤其明鍾鼓
喤喤磬筦將將降福穰穰降福
簡簡威儀反反既醉既飽福祿
来反

執競

盛姬口渴要喝水，周穆王便命人取来酢浆给她喝，喝水的小杯子被称为"壶辋"。周穆王向西到达重璧台，盛姬因病重而去世。周穆王为此悲伤不已，把这里称为"哀次"。周穆王将盛姬的灵柩停放在榖丘的宗庙里。

三

□壬寅①，天子命哭②。启为主③，郰父宾丧④，天子王女叔㛗⑤为主。天子□⑥宾之，命终丧礼⑦。于是殇祀而哭⑧。内史执策⑨，官人□丌职⑩，曾祝敷筵席⑪，设几⑫。盛馈具⑬：肺盐羹⑭、载脯⑮、枣酏⑯、醢⑰、鱼腊⑱、糗⑲、韭⑳百物㉑。乃陈腥俎㉒十二、干豆㉓九十、鼎敦壶尊㉔四十器。曾祝祭食㉕，进肺盐、祭酒。乃献丧主伊扈㉖，伊扈拜受。□㉗祭女。又献女主㉘叔㛗，叔㛗拜受。祭□祝报祭㉙，觞大师㉚。

【注释】

① □壬寅：此处阙文，疑衍。壬寅，十月十九日。距前"戊寅"已过二十四日。

② 命哭：命令哭丧吊唁。哭，吊唁。《说文》载："哭，哀声也。"

③ 启为主：丧祭开始时，周穆王为祭主。启，丧祭开始。

④ 宾丧：主持祭丧礼仪。宾，此处指主持礼仪之事。

⑤ 王女叔㛗（suō）：周穆王的爱女叔㛗。叔㛗，人名，周穆王之女，受命主持王室内眷女性的祭丧礼仪。

⑥ □：此处阙文，或为"命□□"，指周穆王令某人宾丧，或为身份极高的女官。

⑦ 命终丧礼：命她主持整个丧礼。终，犹竟，整个。

⑧ 殇祀：古代为未成年而死的人举行的祭丧之礼。殇，未成年而死。十六岁至十九岁死为"长殇"，十二岁至十五岁死为"中殇"，八岁至十一岁死为"下殇"，八岁以下死为"无服之殇"。

⑨ 内史执策：内史官手持简册。内史，负责掌管法令、拟定文书，协助天子管理爵禄废置等事的官员。策，简册，编好的竹简。

⑩ 官人□丌职：此处阙文，疑为"司"，负责。官人司其职。官人，即馆人，古代掌馆舍食宿的官员。丌，古"其"字。

⑪ 曾祝敷筵席：太祝铺好席垫。曾祝，即太祝，掌祭祀、主颂祝词的官员。敷，敷设、铺陈。筵席，铺在地上用来坐的垫子。

⑫ 设几：摆设矮脚供桌。

⑬ 盛馈具：准备好齐全的献祭食物。

⑭ 肺盐羹：用腌制过的牺牲的肺做成的肉汤。

⑮ 胾（zì）脯：切成大块的干肉。胾，切成大块的肉。脯，

肉脯，肉干。

⑯ 枣酏（yí）：用枣和米一起煮成的稀粥。

⑰ 醢（hǎi）：肉酱。

⑱ 鱼腊（là）：干鱼。腊，干肉。

⑲ 糗（qiǔ）：冷凝成块状的粥。

⑳ 韭：用醋、酱腌制的韭菜。

㉑ 百物：各种食物。

㉒ 腥俎：古代祭祀时盛放生肉的礼器。腥，生肉。俎，特制的陈放生肉的供桌，此处指盛放生肉的礼器。

㉓ 干豆：古代祭祀时陈放干肉的礼器。干，干肉。豆，祭器，形状类似于高脚木盘。

㉔ 鼎敦壶尊：古代祭祀时的盛物之器。鼎、敦，用来盛放鱼肉、菜肴、饭食；壶、尊，用来盛放酒类、饮品。

㉕ 祭食：祭食仪式，即在进食之前，先取食物供奉受祭奠的人或神。

㉖ 丧主伊扈（hù）：主持丧事的人是伊扈。伊扈：人名，亦作繄（yī）扈，周穆王的嫡长子，即西周第六位君主周共王。

㉗ □：此处阙文，具体不详。

㉘ 女主：治丧时接待女宾的主妇。

㉙ 祭□祝报祭：此处阙文，疑为"食毕，曾"。"祭食毕，曾□祝报祭"，大意是祭食仪式完成后，曾祝复命。

㉚ 觞大师：向太师敬酒。大师，应为太师，负责诗、乐之事。《周礼·春官》载："有太师掌六律六同，教六诗。"

【译文】

十月十九日，周穆王命令群臣前来吊唁。丧祭开始时，周穆王为祭主，郐父主持丧礼。周穆王的爱女叔㛗作为女宾主丧人。周穆王命□□接待宾客，命她主持整个丧礼。因盛姬年轻夭亡，于是为她举行殇祀之礼。内史手持简册负责登记来宾，馆舍官吏负责来宾食宿，太祝铺陈席垫，摆好供桌，准备好齐全的献祭食物：用腌肺制成的肉汤、切成大块的干肉、枣粥、肉酱、干鱼、冷粥、腌制的韭菜等各种食物，还摆了十二桌生肉，九十盘干肉，四十多件鼎敦壶尊。太祝主持祭食仪式，先向亡灵进奉腌肺，再酹酒祭奠，又向丧主伊扈献酒食，伊扈跪拜领受。……，太祝又向女宾主叔㛗献酒食，叔㛗跪拜领受。祭食仪式完毕，太祝向周穆王复命，并向太师敬酒。

◀ **商代亚丑杞妇卣**
收藏于中国台北"故宫博物院"
卣（yǒu）是古代祭祀时专门用来盛酒的容器。

西周蟠龙兽面纹盉
收藏于中国台北"故宫博物院"
商周时期主要用于盛酒，春秋之后多用于调和酒浆。

西周青铜尊
收藏于美国克利夫兰艺术博物馆
尊是大型盛酒器，在礼器中的地位仅次于鼎。

商代兽面纹觚
收藏于中国台北"故宫博物院"
觚是呈喇叭状的盛酒器,饮酒时要先倒入爵中才能喝。

商代鸟盖青铜角
收藏于美国纽约大都会艺术博物馆
角是从爵演变而来的饮酒器,供低级贵族使用。

商代毕龟爵
收藏于中国台北"故宫博物院"
一种用于典礼的礼器。因为在古代君王常常用爵赐酒,所以爵就跟"爵位"联系了起来。

四

乃哭即位①。毕哭②。内史□策而哭③，曾祝捧馈而哭④，御者□祈而哭⑤，抗者觞夕而哭⑥，佐者承斗而哭⑦，佐者衣衾佩□而哭⑧，乐□人⑨陈琴瑟、□竽⑩、籥⑪、狡⑫、笼而哭⑬。百众官人各□其职事⑭以哭。曰士女错踊⑮，九□乃终⑯。丧主伊扈，哭出造舍⑰，父兄宗姓及在位者从之⑱。佐者哭，且彻馈及壶鼎俎豆⑲。众宫人各□其职⑳，皆哭而出。井利□事㉑，后出而收㉒。

【注释】

① 乃哭即位：哭丧者各就各位。乃，句首发语词，无实义。

② 毕哭：众人一起哀哭。毕，全部。

③ □策而哭：此处阙文，依上文，应为"执"。执策而哭，手持简册哀哭。

④ 捧馈（kuì）而哭：捧着供品哀哭。馈，祭奠亡人的供品。

⑤ 御者□祈而哭：此处阙文，或为"掬"。掬，双手捧着，《礼记·曲礼》载："两手曰掬。"祈，或为"肵（qí）"字之讹误，肵俎，祭祀时盛放牺牲心、舌的器物。御者掬祈而哭，即侍者捧着肵俎哀哭。

⑥ 抗者觞（shāng）夕而哭：举衾（qīn）的人捧着酒器

在傍晚哀哭。抗者，举着布衾的人。举布衾是为遮挡阳光。觞，酒杯。

⑦ 佐者承斗而哭：辅助浴尸的人捧着舀水的木勺哀哭。佐者，起辅助作用的人，此处应指辅助浴尸的人。承斗，捧着舀水的木勺。

⑧ 佐者衣衾佩□而哭：辅助穿戴的人捧着衣物佩带哀哭。此处阙文，疑为"带"。佐者，起辅助作用的人，此处应指辅助穿戴的人。

⑨ 乐□人：此处阙文，疑衍。乐人，奏演歌舞的艺人。

⑩ □竽：此处阙文，应为"笙"。笙，管乐器，用十三根长短不同的竹管制成。竽，吹奏乐器，像笙，有三十六簧。

⑪ 籥（yuè）：管乐器。有吹籥、舞籥两种。吹籥似笛而短，三孔；舞籥长而六孔，可执作舞具。此处应为吹籥。

⑫ 篍：疑为"篍"（qiū）字讹误。篍，吹奏的竹管乐器，中空，像长箫。

⑬ 筦（guǎn）：同"管"，管乐器，有六孔。

⑭ 百□众官人，各□其职事：百□众官人，应为"百官众人"讹误。各□其职事，应为"各执其职事"。

⑮ 士女错踊：成年男女交错跳跃以示哀悼。士女，成年男女。错踊，古代丧礼之一，祭拜死者亡灵时交错跳跃以示哀悼。

⑯ 九□乃终：三哭九踊后结束。此处阙文，应为"踊"。九踊，丧礼之一，即一哭三跳，三哭九跳。

⑰ 哭出造舍：哭着走出祭祀亡灵的屋子。造舍，祭祀亡

灵的屋子。

⑱ 从之：跟随着。

⑲ 彻馈及壶鼎俎豆：撤去祭献食物以及盛物的礼器。彻，同"撤"，撤除。

⑳ 各□其职：此处阙文，应为"执"，按照。

㉑ □事：此处阙文，疑为"竣"，完成，完毕。竣事，结束哭祭之事。

㉒ 后出而收：最后走出去，并收拾了祭祀所用的器物。

【译文】

　　哭丧者各就各位，众人一起哀哭。内史手持简册哀哭，太祝捧着供品哀哭，侍者捧着胏俎哀哭，举衾的人捧着酒器在傍晚哀哭，辅助浴尸的人捧着臽水的木勺哀哭，辅助穿戴的人捧着衣物佩带哀哭，乐舞艺人扶着陈列的琴瑟、笙竽、箫笛等管乐器哀哭，百官众人各自在自己的职事上哀哭。成年男女交错跳跃来表示哀悼，三哭九跳后才结束。丧主伊扈哭着走出祭祀亡灵的屋子，盛姬的父兄、宗族，以及盛伯的属官都跟随他走出灵堂。辅佐祭食的人哭着撤去祭献食物以及盛物的礼器。所有的宫中内侍各司其职，哭着走出灵堂。井利完成所有的事情最后走了出去，并收拾了祭祀所用的器物。

笙镛迭奏图

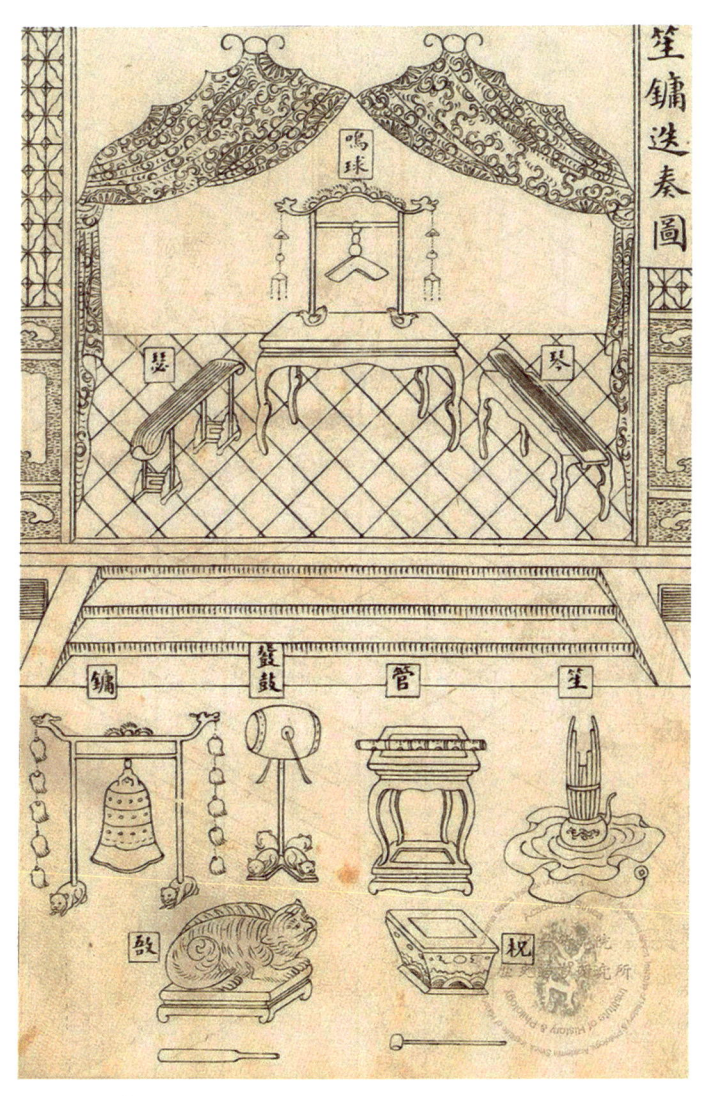

选自《钦定书经图说》清印本 （清）孙家鼐、张百熙等

出自唐诗《郊庙歌辞·梁太庙乐舞辞·昭德舞》："肃肃文考，源浚派长。汉称诞季，周实生昌。奄有四海，超彼百王。笙镛迭奏，礼物荧煌。"

五

癸卯①，大哭殇祀而载②。甲辰③，天子南葬盛姬于乐池之南。天子乃命盛姬□④之丧，视⑤皇后之葬法，亦不拜后⑥于诸侯。河、济之间共事⑦，韦、榖、黄城三邦之士辇丧⑧。七萃之士抗即车⑨，曾祝先丧⑩，大匠御棺⑪。日月之旗，七星之文⑫。鼓钟以葬，龙旗以□⑬。鸟以建鼓⑭，兽以建钟，龙以建旗。曰丧之先后及哭踊者之间，毕有钟旗□百物丧器⑮，井利典⑯之，列于丧行⑰，靡有不备⑱。击鼓以行丧⑲，举旗以劝⑳之。击钟以止哭，弥旗以节之㉑。曰□㉒祀大哭，九而终。丧出于门，丧主即位，周室父兄子孙倍㉓之，诸侯、属子㉔、王吏倍之，外官㉕、王属、七萃之士倍之，姬姓子弟倍之，执职之人倍之，百官众人倍之，哭者七倍之㉖。踊者三十行，行萃百人㉗。女主即位，嬖人群女㉘倍之，王臣姬姓之女倍之，宫官人㉙倍之，宫贤庶妾㉚倍之，哭者五倍，踊者次从㉛。曰天子命丧，一里而击钟止哭。曰匠人哭于车上，曾祝哭于丧前㉜，七萃之士哭于丧所㉝。曰小哭㉞错踊，三踊而行，五里而次㉟。曰丧三舍㊱至于哀次㊲，五舍至于重璧之台，乃休。天子乃周姑繇之水以圜丧车㊳，是曰圜车㊴。曰殇祀之㊵。

【注释】

① 癸卯：十月二十日。距前"壬寅"已过一日。

② 载：祖载。古代丧礼之一，即灵柩上车出丧之前举行的仪式。

③ 甲辰：十月二十一日。距前"癸卯"已过一日。

④ □：此处阙文，应为"淑人"。淑人，盛姬生前的封号。

⑤ 视：比照。

⑥ 拜后：有一说为"拜赴"，报丧。

⑦ 河、济之间共事：由黄河和济水流域一带的诸侯供给丧事耗用。

⑧ 輂丧：挽灵车。

⑨ 抗者即车：把灵柩抬上车。

⑩ 先丧：走在出丧队列的最前边引路。

⑪ 大匠御棺：技艺高超的木工抬棺而行。大匠，技艺高超的木工。

⑫ 七星之文：北斗七星的图案。

⑬ 龙旗以□：出丧时用龙旗遮盖棺椁。此处阙文，或为"覆"字。

⑭ 鸟以建鼓：用鸾凤图案装饰建鼓。建鼓，古代乐器，也称应鼓，鼓身长而圆，用一木柱直贯鼓身，以为支柱。

⑮ 毕有钟旗□百物丧器：所有的钟、旗、鼓，以及各种治丧用的礼器。毕有，所有。此处阙文，应为"鼓"。

⑯ 典：掌管。

⑰ 列于丧行：陈列在出丧的行伍中。行，队伍。

⑱ 靡有不备：没有不齐备。靡，没有。

⑲ 行丧：出丧的队伍前进。

⑳ 劝：号令哀哭。

㉑ 弥旗以节之：倒旗来号令人们哀哭。

㉒ □：此处阙文，或为"殇"。

㉓ 倍：同"陪"，陪侍，陪伴。下皆同此。

㉔ 属子：同宗诸子。

㉕ 外官：官外百官。与近侍之臣相对。

㉖ 七倍之：列成七行来陪他。百人为"一倍"，"七倍"则为每队百人，七队七百人。

㉗ 行萃百人：每行聚集一百人。萃，聚集。

㉘ 嬖（bì）人群女：周穆王的宠妾和众嫔女。

㉙ 宫官人：王宫中的女官。

㉚ 宫贤庶妾：王宫内地位次于宫官人的女官。

㉛ 次从：依次跟从。

㉜ 丧前：灵车前。

㉝ 丧所：灵车停放的地方。

㉞ 小哭：轻声哭泣。

㉟ 次：停止。

㊱ 丧三舍：送丧前进了九十里。一舍为三十里。

㊲ 哀次：地名。在榖丘与重璧台之间。

㊳ 周姑繇之水以圜丧车：取来姑繇的水绕洒灵车一圈。周，或为“取”之讹误，意为取来姑繇水。圜，同“环”，环绕。姑繇，地名。

㊴ 是曰圜车：这称为“圜车”。

㊵ 殇祀之：再次为盛姬早亡而祭祀。

【译文】

十月二十日，举行丧礼祭奠盛姬早逝，众人大哭着把灵柩抬上车。十月二十一日，周穆王决定向南，把盛姬安葬在乐池南边。周穆王下令依王后的礼制为盛姬举办葬礼，也不用向诸侯报丧。由黄河和济水流域一带的诸侯供给丧事耗用，韦、穀、黄城三国的男子挽灵车。禁军卫士把灵柩抬上车，太祝走在出丧队列的最前边，技艺高超的木工抬棺而行。丧旗上绘有日月、北斗七星的图案。出丧时击鼓鸣钟，棺椁用龙旗遮盖。建鼓用鸾凤图案装饰，建钟用猛兽图案装饰，建旗用蛟龙图案装饰。在出丧的队伍前后和哀哭跳跃的人中间，所有的钟、旗、鼓，以及各种治丧礼器，都由井利掌管，陈列在出丧的行伍中，没有不齐备的。用击鼓来指挥出丧的队伍前进，用举旗来号令尽情哀哭，用击钟来号令停止哀哭，用降旗来表示节制哀哭。大哭九次，丧祭才结束。灵柩送出门后，丧主伊扈就位，周王室父兄子孙陪侍他，诸侯、同宗诸子、王宫官吏陪侍他，宫外百官、王室属官、禁军卫士陪侍他，姬姓子弟陪侍他，服侍的人陪侍他，所有的官吏陪侍他，有七队哭丧的人陪侍他。跳跃的人有三十队，每队聚集一百人。女主叔姓就位，周穆王的宠妾与众嫔女陪侍她，嫁给大臣的姬姓女眷陪侍她，宫中女官陪侍她，宫女、侍妾陪侍她，有五队哭丧的人陪侍她，跳跃的人依次跟随。周穆王下令出丧，每前进一里路便击钟止哭。工匠在灵车上哭泣，太祝在灵车前哭泣，禁军卫士在停放灵车的地方哭泣。低声哭泣，相互跳跃，跳跃三次后再前进，前进五里便停下来休息。送丧前进了九十里，到达哀次；走了一百五十里，到达重璧台，停驻休息。周穆王取来姑繇的水绕洒灵车一圈，这称为"圈车"。再次为盛姬早亡而祭祀。

箫韶九成图

选自《钦定书经图说》清印本　（清）孙家鼐、张百熙等

箫韶是一部音乐作品，共九章，以颂神为主。《史记·夏本纪》中记载："祖考至，群后相让，鸟兽翔舞，《箫韶九成》，凤皇来仪，百兽率舞，百官信谐。"

凤皇来仪图

选自《钦定书经图说》清印本 （清）孙家鼐、张百熙等

相传凤凰是懂音乐的动物，要想招来凤凰这种祥瑞之禽必须演奏《韶乐》。

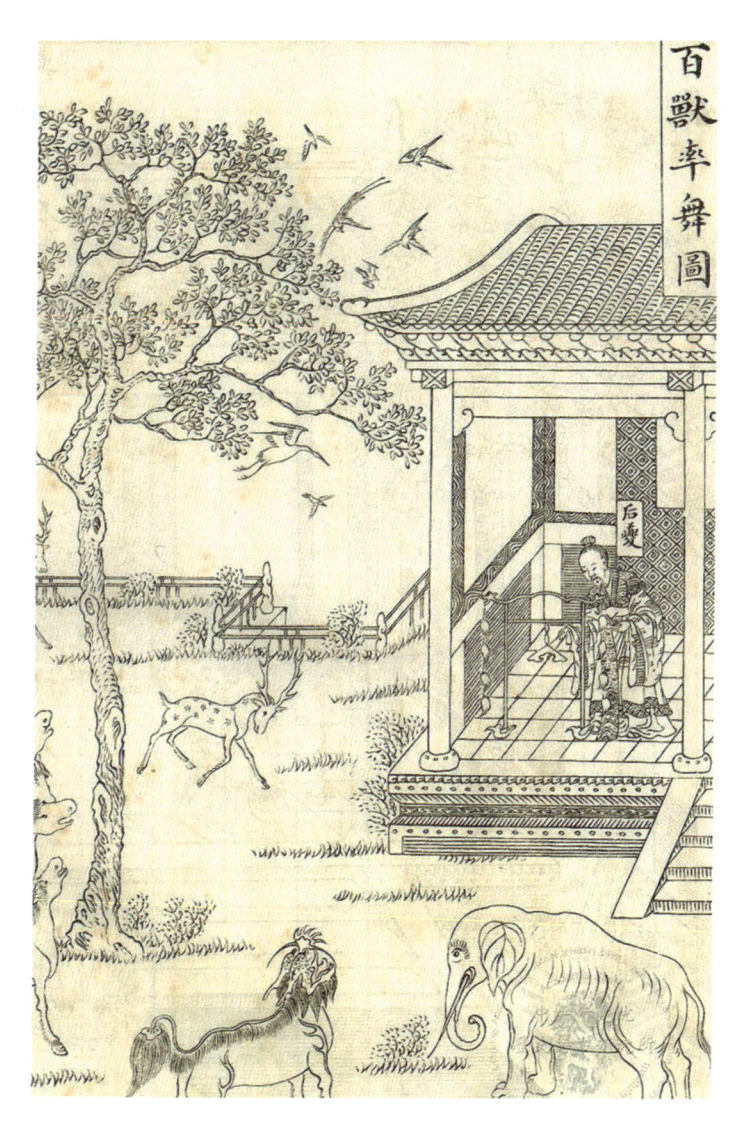

百兽率舞图

选自《钦定书经图说》清印本 （清）孙家鼐、张百熙等

出自《尚书·舜典》："於！予击石拊石，百兽率舞。"意为歌舞升平，和谐的乐声使群兽感动，一同起舞。形容帝王政治清明，天下升平的景象。

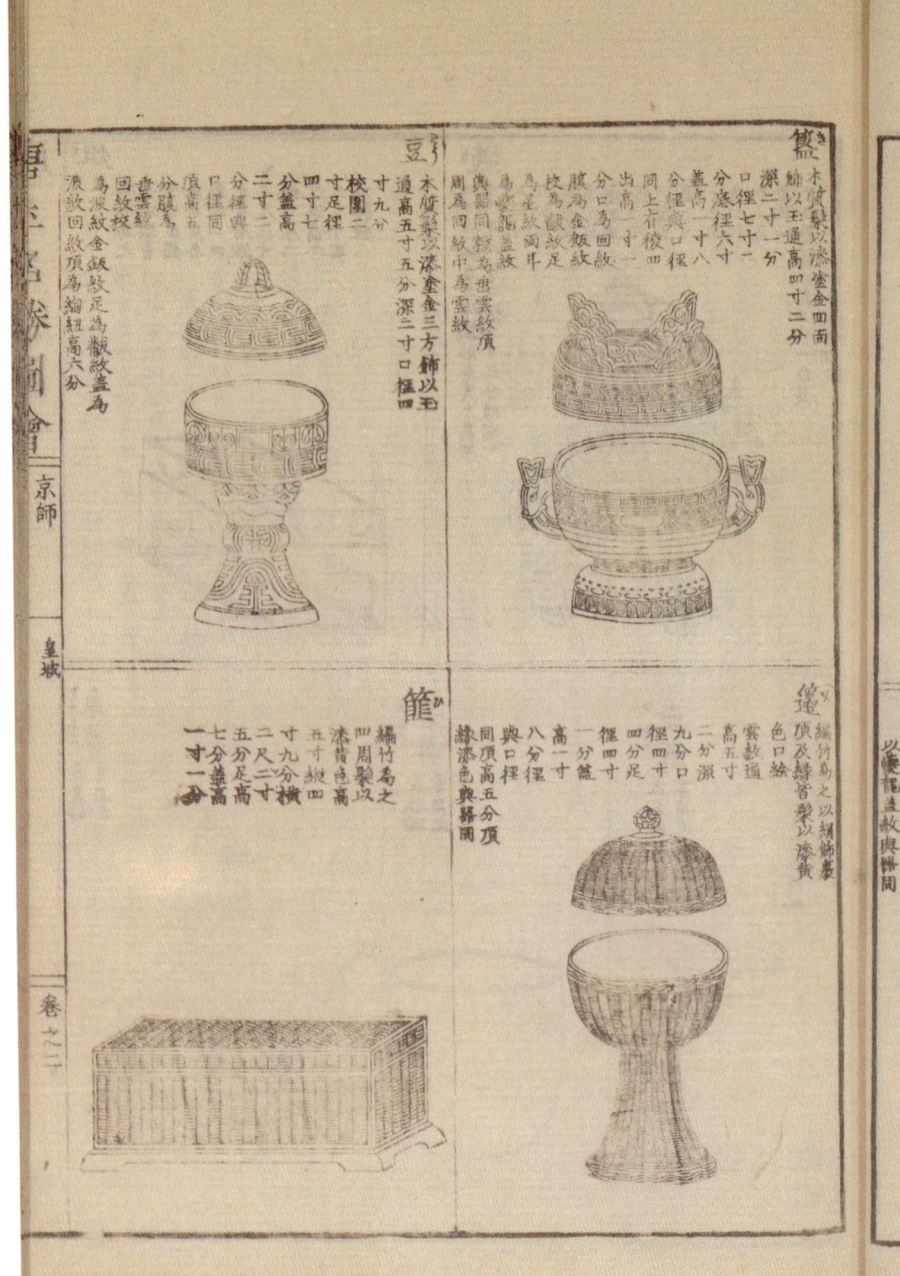

簠
木質髹以漆塗金四面
飾以玉通高四寸二分
口徑七寸一
分底徑六寸八
分蓋高一寸一
分同上有棱四
出高一寸一分
膜為金鈑飾
為金回紋足
為饕餮紋足間
為雲龍盖頂
與蓋同饕紋
開為同紋中為雲紋

豆
木質髹以漆塗金三方飾以玉
校圈二
寸足徑
四寸七
分蓋高
二寸二
分通高五寸五分深二寸口徑四
寸九分

簋
編竹為之以胡飾髹
色以綠
雲紋頂
高五寸
二分深
四分口
徑四寸
九分口
一分
八分足
同頂高五分頂
與綠漆色與器同

籩
編竹為之
四周髹紋
漆筒連高
五寸紋高
二寸二
七尺二分
寸分足高
一寸一分

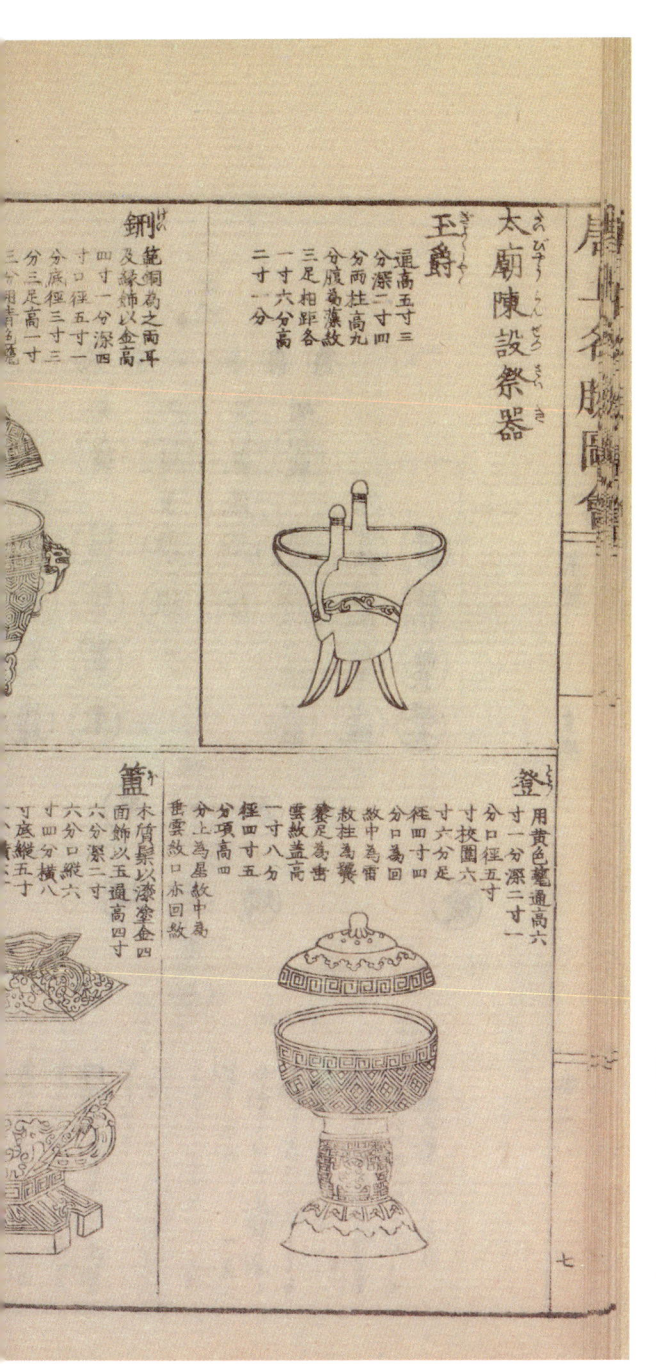

太庙陈设祭器

选自《唐土名胜图会》
[日]冈田玉山\编绘
收藏于日本早稻田大学图书馆

图中所示的登、铏、爵、簠（fǔ）、簋、笾（biān）、豆、筐（fěi），分别用来盛放不同的祭品。登用来盛太羹，铏用来盛和羹，爵用来盛酒，簠用来盛稻谷、高粱，簋用来盛放煮熟的饭食，笾用来盛放干食，豆用来盛放煮好的肉食，筐用来盛放帛。

六

　　孟冬辛亥①,邢侯、曹侯来吊②。内史将③之以见天子,天子告不豫④而辞焉。邢侯、曹侯乃吊太子⑤,太子哭出庙门以迎邢侯。再拜劳之,侯不答拜⑥。邢侯谒哭⑦于庙,太子先哭而入,西向即位。内史宾侯⑧,北向而立,大哭九⑨。邢侯厝踊⑩三而止。太子送邢侯至庙门之外,邢侯遂出,太子再拜送之。曹侯庙吊,入哭⑪,太子送之,亦如邢侯之礼。壬子⑫,天子具官⑬见邢侯、曹侯。天子还返⑭,邢侯、曹侯执见拜天子之武一⑮。天子见之,乃遣邢侯、曹侯归于其邦。王官执礼共于二侯如故⑯。

【注释】

① 孟冬辛亥:十月二十八日。距前"甲辰"已过七日。

② 邢侯、曹侯来吊:邢侯、曹侯前来吊唁。邢侯,邢国国君。曹侯,曹国国君。周武王灭商,封其弟叔振铎于曹,在今山东菏泽、定陶、曹县一带。

③ 将:带领。

④ 不豫:天子身体不适的讳称。

⑤ 吊太子:前往拜见太子伊扈。

⑥ 不答拜:依礼不回拜。《仪礼·士丧礼》载:"吊者

不拜丧主。"

⑦ 谒哭：祭告哀哭。

⑧ 宾侯：为邢侯做宾相，指接待邢侯。

⑨ 大哭九：古代丧礼之一，向丧者大哭九次。

⑩ 厝踊：即错踊。在吊唁时与丧主轮流交错跳跃。

⑪ 入哭：哭着进入灵堂。

⑫ 壬子：十月二十九日。距前"辛亥"已过一日。

⑬ 具官：配好官员，指君臣礼仪完备。

⑭ 还返：将要返回。

⑮ 执见拜天子之武一：献礼拜见周穆王并各自献上一张虎皮。执见，同"贽见"，献礼以见。

⑯ 执礼共于二侯如故：如同往常一样恭敬地执守礼制。共，古同"恭"，恭敬。

【译文】

十月二十八日，邢侯、曹侯前来吊唁。内史带领他们去见周穆王，周穆王以身体不适推辞未见。邢侯、曹侯就前往拜见太子伊扈，太子伊扈哭着走出庙门迎接邢侯，拜了两次慰劳邢侯，邢侯依礼不回拜。邢侯到庙内祭告哀哭，太子伊扈哭着先进入庙内，站东向西就位。内史领邢侯站南向北，向丧者大哭九次，邢侯与太子轮流跳跃了三次才停止哀哭。太子送邢侯到庙门外，邢侯走出庙门，太子拜了两次送别他。曹侯又入庙哭祭，太子送他出去时的礼节也同邢侯一样。十月二十九日，周穆王以完备的君臣礼仪，正式接见了邢侯和曹侯。周穆王将要返回的时候，邢侯、曹侯各自献上一张虎皮作为献礼。周穆王接见了他们，并让他们回到自己的封国去。周穆王的侍臣对邢侯、曹侯一如既往，恭敬地执守礼制。

七

曰天子出宪①，以或襚赗②。癸丑③，大哭而□④。甲寅⑤，殇祀，大哭而行丧⑥，五舍于大次⑦。曰丧三日⑧于大次，殇祀如初⑨。辛酉⑩，大成⑪，百物皆备。壬戌⑫，葬。史录繇鼓钟⑬，以亦下棺⑭。七萃之士□⑮士女错踊九，□丧下⑯。

【注释】

① 出宪：发出命令。

② 襚赗（suì fèng）：向丧者赠送衣被、车马、束帛等物。襚，向丧者赠送衣被。赗，向死者丧送车马、束帛。

③ 癸丑：十一月初一。距前"壬子"已过一日。

④ 大哭而□：一边大哭一边跳跃。此处阙文，应为"踊"。

祭祀太牢

选自《帝王道统万年图》册　（明）仇英　收藏于中国台北"故宫博物院"

画中描绘的是汉高祖刘邦祭祀孔圣人的场景。《礼记·王制第五》记载："天子社稷皆大牢，诸侯社稷皆少牢。大夫、士宗庙之祭，有田则祭，无田则荐。"其中大牢指的就是太牢，即牛、羊、豕三牲。

⑤ 甲寅：十一月初二。距前"癸丑"已过一日。

⑥ 行丧：发丧，出丧的队伍出发。

⑦ 大次：帝王祭祀、诸侯朝觐时临时休息的大帐篷。

⑧ 丧三日：停丧三天。

⑨ 殇祀：与第一次殇祀之礼一样。

⑩ 辛酉：十一月初九。距前"甲寅"已过七日。

⑪ 大成：殇祀之礼全部完成。

⑫ 壬戌：十一月初十。距前"辛酉"已过一日。

⑬ 史录櫐鼓钟：史录用櫐木击鼓撞钟。史录，或为负责下葬礼仪的官员。

⑭ 以亦下棺：用丧布遮蔽棺椁，把棺椁放置葬坑中。

⑮ □：此处阙文，或为"及"，与。

⑯ □：此处阙文，或为"哭"。

《雍正帝祭先农坛图》上卷

（清）佚名　收藏于北京故宫博物院

图中描绘的是清代雍正帝在先农坛祭祀农神的场景。坛上的祭品有：羊一，豕一，帛一，豆四，铏、簋、簠各二。

【译文】

　　周穆王下令，向丧者赠送衣被、车马、束帛等物。十一月初一，众人大哭并交相跳跃。十一月初二，为盛姬早亡举行殇祀之礼，众人大哭后发丧，前行一百五十里，设下大帐。在大帐停丧三天，又举行了与第一次祭祀一样的殇祀。十月初九，殇祀之礼全部完成，各种丧葬器物都已备齐。十一月初十，举行葬礼，官员史录用籁木击鼓撞钟，用丧布遮蔽棺椁，把棺椁放置葬坑中。禁军卫士与男女众人交相跳跃九次，众人哀哭，灵柩入土。

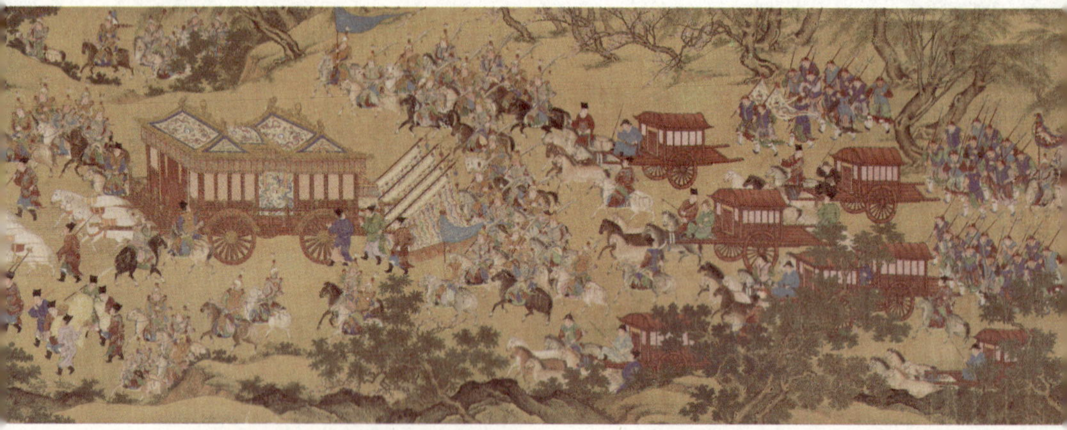

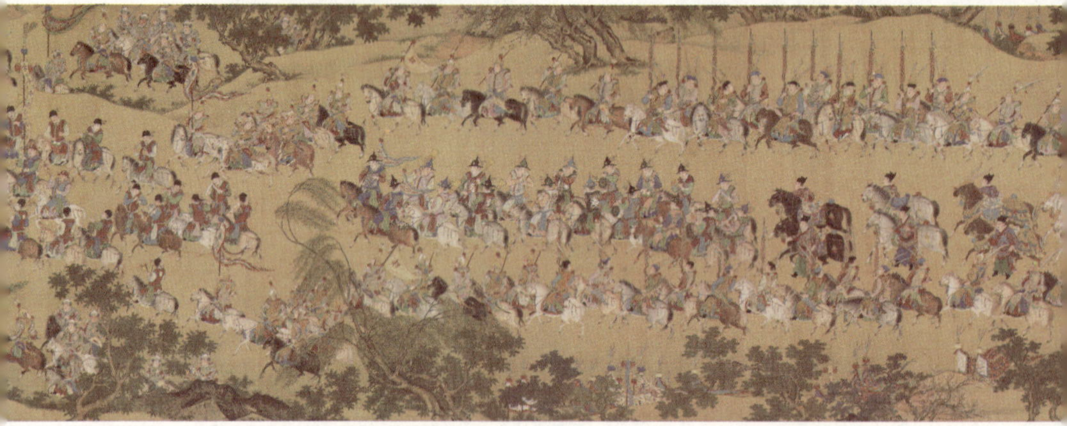

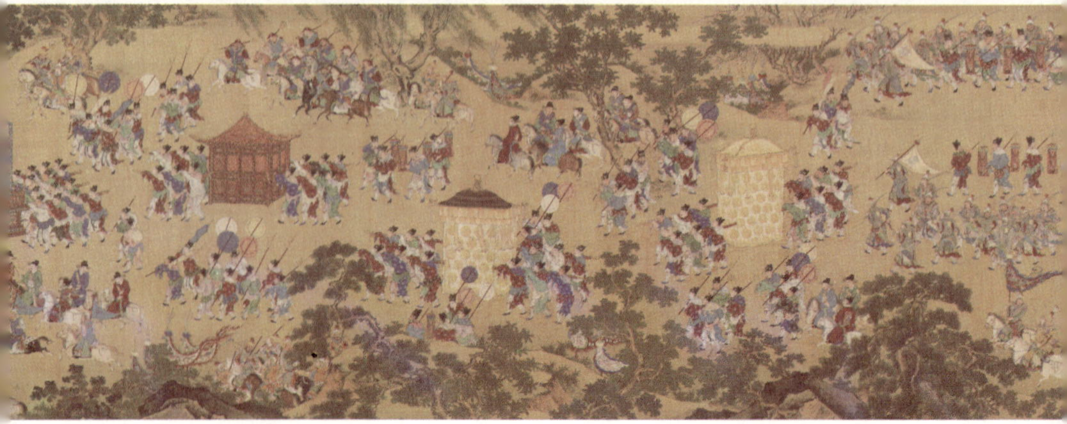

《出警图》

（明）佚名　收藏于中国台北"故宫博物院"

画作描绘的是明朝皇帝骑马从京出发，在众多护卫和百官的随行下，前去京郊的十三陵祭拜先祖的场景。其声势之浩大，场面之宏伟，体现了古人对祭祖的重视。

八

昧爽①，天子使嬖人赠用文锦明衣九领②，丧宗伊扈赠用变裳③，女主叔姓赠用茵组④。百嬖人官师毕赠⑤，并利乃藏⑥。报哭⑦于大次，祥祠□祝丧⑧，罢哭，辞于远人⑨。为盛姬谥曰哀淑人⑩，天子名之⑪，是曰哀淑之丘。

【注释】

① 昧爽：拂晓，天未全明之时。

② 文锦明衣九领：九套锦绣丧衣。明衣，神明之衣，即丧衣。

③ 变裳：丧服，与"明衣"相对。

④ 茵组：垫褥和系褥丝带。

⑤ 毕赠：全部都有赠送。

⑥ 藏：埋葬。

⑦ 报哭：返回时哀哭。报，反复，返回。

⑧ 祥祠□祝丧：此处阙文，或为"以"。祠，同"祀"。祥祀，下葬后的祭祀。祝丧，向亡人祝祷。

⑨ 辞于远人：向远去的亡人道别。

⑩ 哀淑人："哀"为谥号，淑人为盛姬生前封号。

⑪ 名之：有作"丘之"，为此丘命名。

【译文】

拂晓,周穆王让宠妃赠送锦绣丧衣九套,丧宗伊扈赠送丧服,女丧主叔姪赠送褥垫、系绳,众宠妃、卿士全部都有赠送,由井利将其埋藏在墓室中。众人返回大帐哀哭,后又举行了祭祀,并向亡人祝祷,之后停止哀哭,在心里向远去的亡人道别。周穆王为盛姬取了谥号称"哀淑人",周穆王将此丘命名为"哀淑之丘"。

九

乙丑①,天子东征,舍于五鹿②。叔姪思哭③,是曰女姪之丘④。丁卯⑤,天子东征,钓于漯水,以祭淑人,是曰祭丘。已巳⑥,天子东征,食马于漯水之上。乃鼓之棘⑦,是曰马主。癸酉⑧,天子南征,至于菹台⑨。

【注释】

① 乙丑:十一月十三日。距前"壬戌"已过三日。

② 五鹿:地名。在今河南濮阳。

③ 思哭：因思念而哭泣。

④ 是曰女娡之丘：称那里为"女娡之丘"。

⑤ 丁卯：十一月十五日。距前"乙丑"已过二日。

⑥ 己巳：十一月十七日。距前"丁卯"已过二日。

⑦ 乃鼓之棘：疑为"乃树之棘"，于是种植酸枣树。棘，丛生的小枣树，即酸枣树。

⑧ 癸酉：十一月二十一日。距前"己巳"已过四日。

⑨ 菹台：地名。

【译文】

十一月十三日，周穆王向东巡行，在五鹿留宿。叔娡因思念盛姬而哭泣，便称五鹿为"女娡之丘"。十一月十五日，周穆王又向东巡行，在漯水钓鱼，祭奠淑人盛姬，还将那里称为"祭丘"。十一月十七日，周穆王向东巡行，在漯水喂马，又在那里栽上了酸枣树，还将那里命名为"马主"。十一月二十一日，周穆王向南巡行，到达菹台。

兵马俑

兵马俑位于陕西西安秦始皇陵，是古代墓葬雕塑的一个类别。古代实行土葬，讲究"入土为安"，除了修建墓地，往往还会再放入一些代表死者身份的陪葬品。殷商时期，一般是活人殉，到了周朝，由于周礼的推行，才逐渐废止，改为以俑殉葬，秦兵马俑就是以俑代人殉葬的典型，现在兵马俑被誉为"世界第八大奇迹"。

骏马

圆髻武士

将军

软帽武士　　　　　　　　　　军吏

甲胄武士

十

仲冬甲戌①,天子西征,至于因氏②。天子乃钓于河,以观姑繇之木。丁丑③,天子北征。戊寅④,舍于河上,乃致⑤父兄子弟、王臣姬□⑥祥祠毕哭,终丧于嚻氏⑦。己卯⑧,天子西济于河,嚻氏之遂。庚辰⑨,舍于茅尺⑩,于是禋祀⑪,除丧始乐⑫,素服⑬而归,是曰素氏。天子遂西南。癸未⑭,至于野王⑮。

【注释】

① 仲冬甲戌:仲冬十一月二十二日。距前"癸酉"已过一日。

② 因氏:部族名。位于五鹿之南、靠近黄河。

③ 丁丑:十一月二十五日。距前"甲戌"已过三日。

④ 戊寅:十一月二十六日。距前"丁丑"已过一日。

⑤ 致:召集,请至。

⑥ 姬□:此处阙文,或为"族",指姬姓族人。

⑦ 终丧于嚻氏:在嚻氏之地结束了丧事。

⑧ 己卯:十一月二十七日。距前"戊寅"已过一日。

⑨ 庚辰:十一月二十八日。距前"己卯"已过一日。

⑩ 茅尺：地名。位置与因氏、嚣氏之地相近。

⑪ 禋祀：把祭祀的谷物与牺牲置于柴堆上，烧柴升烟，以祭祀亡灵。

⑫ 除丧：古代丧礼之一。由着丧服改着吉服，或由着重丧服改着轻丧服。

⑬ 素服：白色的衣服。

⑭ 癸未：十二月初一。距前"庚辰"已过三日。

⑮ 野王：地名，在今河南省沁阳市。

【译文】

仲冬十一月二十二日，周穆王向西巡行，到达因氏之地。周穆王在河边垂钓，并观赏姑繇树林。十一月二十五日，周穆王向北巡行。十一月二十六日，周穆王在黄河岸边住宿，又召集父兄子弟、王臣、姬姓族人举行祥祀，终止哀哭，在嚣氏之地结束了丧事。十一月二十七日，周穆王向西渡过黄河，那里是嚣氏的远郊。十一月二十八日，周穆王留宿茅尺，于是又举行禋祀，除去重丧服，心情好了些，换上白色轻丧服起程返回，便称茅尺人为"素氏"。周穆王于是向西南方向前进。十二月初一，到达了野王。

十一

甲申^①，天子北升于大北之隥^②，而降^③休于两柏之下。天子永念伤心^④，乃思淑人盛姬，于是流涕^⑤。七萃之士葽豫^⑥上谏于天子，曰："自古有死有生，岂独淑人？天子不乐，出于永思。永思有益，莫忘其新^⑦。"天子哀之，乃又流涕。是日辍未已^⑧。

【注释】

① 甲申：十二月初二。距前"癸未"已过一日。

② 大北之隥：黄河北岸的太行山麓，位于河南沁阳与山西晋城交界处。

③ 降：下降，此处指下山。

④ 永念伤心：因深切怀念而伤心。

⑤ 流涕（tì）：流泪。涕，眼泪。

⑥ 葽（yāo）豫：周穆王的禁军卫士。

⑦ 莫忘其新：不要忘记还有新的人和事会到来。

⑧ 辍（chuò）未已：忧愁得不能自已。

【译文】

　　十二月初二，周穆王向北登上了太行山麓，下山时在两棵柏树下休息。周穆王因深切怀念盛姬而伤心，一想起淑人盛姬就流泪不止。禁军卫士蒌豫上前劝谏说："自古以来人都是有死有生的，难道只是淑人这样吗？天子不开心，是出于长久的怀念。长久怀念的确有好处，但也不要忘记还有新的人和事会到来。"周穆王听了此话感到哀痛，于是又流下泪来。这一天，周穆王忧愁得不能自已。

周武王像

选自《历代帝王圣贤名臣大儒遗像》册 （清）佚名 收藏于法国国家图书馆

周武王是周朝的创立者，他所戴的冕冠由冕板和十二束垂旒所组成，每一束旒有12颗圆珠，人称"蔽明"。

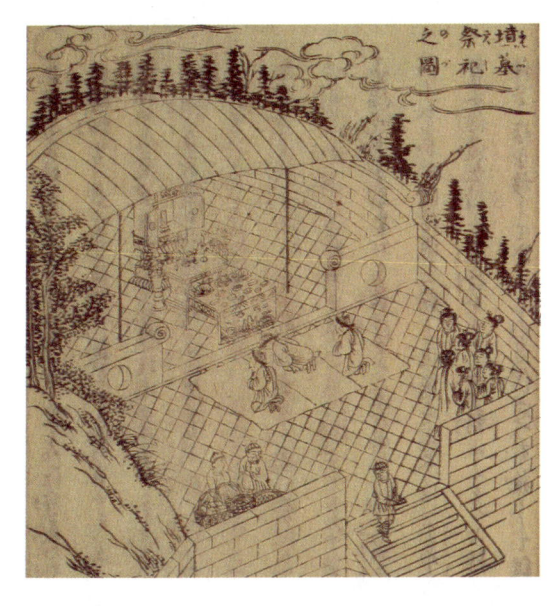

坟墓祭祀之图

选自《唐土名胜图会》
[日]冈田玉山等\编绘
收藏于日本早稻田大学图书馆

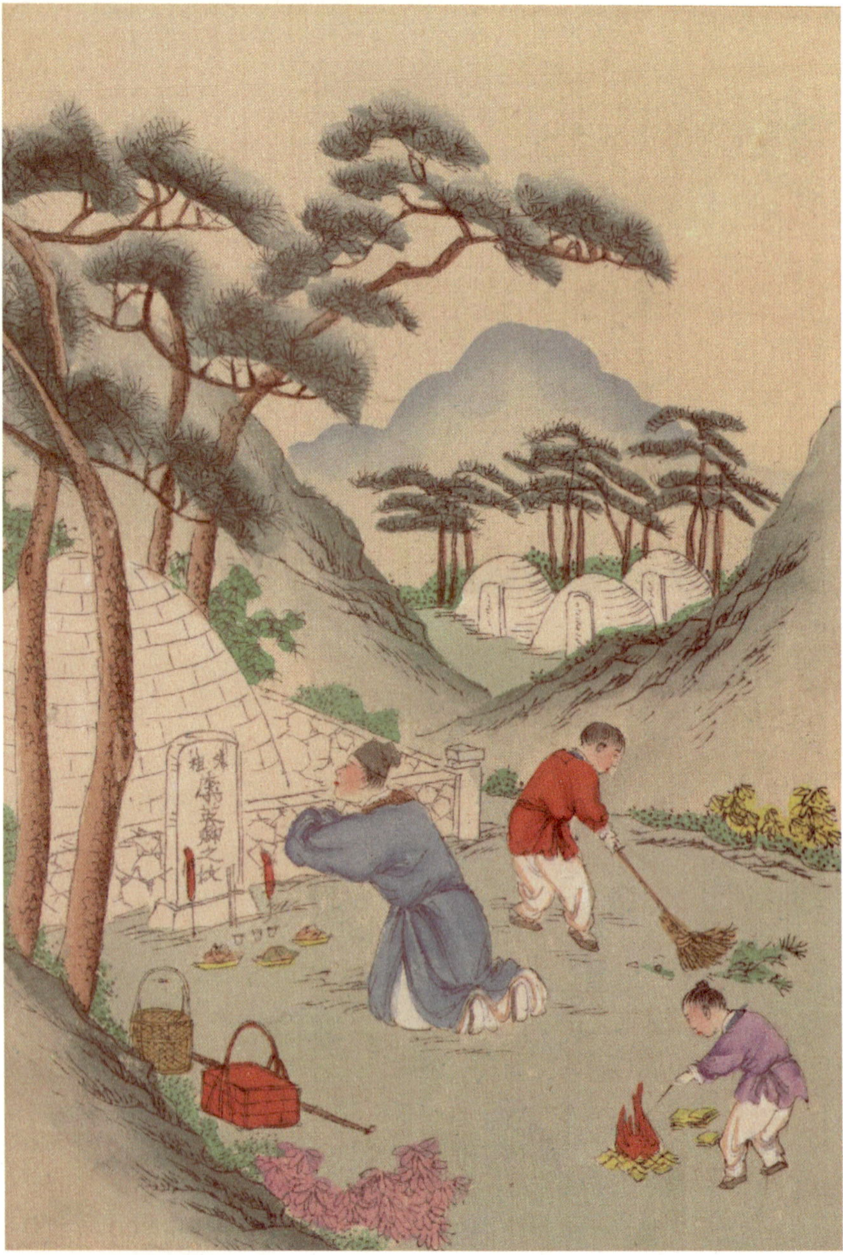

十二

乙酉①,天子西绝钘隥②,乃遂西南。戊子③,至于盬④。己丑⑤,天子南登于薄山⑥寳轹之隥⑦,乃宿于虞⑧。庚寅⑨,天子南征。吉日辛卯⑩,天子入于南郑。

【注释】

① 乙酉:十二月初三。距前"甲申"已过一日。

② 钘隥:地名,在今山西南部。

③ 戊子:十二月初六。距前"乙酉"已过三日。

④ 盬(gǔ):同"盐"。地名。今山西运城解池,此地产盐,又称"盐池"。

⑤ 己丑:十二月初七。距前"戊子"已过一日。

⑥ 薄山:山名,即中条山,位于今山西与河南交界处。

◀ 清明扫墓
选自《年节习俗考全图》民国刊本　佚名

清明节,又称踏青节、祭祖节、扫墓节等。在这天,人们会在逝者坟前,摆上供品,焚烧纸钱,修整墓土,清除杂草,磕头行礼,以此表达缅怀与思念。

⑦ 寘轵之隥：越过寘轵的坡地。"寘"前或脱文"越"。寘轵，地名，在今山西平陆东北。

⑧ 虞：国名。西周姬姓诸侯小国，周武王始封古公亶父之子虞仲之后于此。位于今山西平陆境内。

⑨ 庚寅：十二月初九。距前"己丑"已过二日。

⑩ 辛卯：十二月初十。距前"庚寅"已过一日。

【译文】

十二月初三，周穆王向西越过钘岭，又向西南方行进。十二月初六，到达盐池。十二月初七，周穆王向南登上薄山，越过寘轵坡地，在虞国住了一晚。十二月初九，周穆王向南巡行。十二月初十是个吉日，周穆王于这一天返回别都南郑。